# LECTURES
# POUR LES ENFANS,
OU
# CHOIX
## DE PETITS CONTES,

*ÉGALEMENT propres à les amuser, & à leur inspirer le goût de la Vertu.*

QUATRIEME EDITION.

*PREMIERE PARTIE.*

Chaque Partie se vend séparément 1 livre 4 sols.

*A PARIS,*
Au Bureau de l'Ami des Enfans, rue de l'Université, n°. 28.
*S'adresser à M. LE PRINCE, Directeur.*

1785.
*Avec Approbation & Privilége du Roi.*

# TABLE

## *Des Matieres de cette premiere Partie.*



*Fin de la Table.*

# LECTURES
## *POUR*
# LES ENFANS.

## *PREMIÈRE PARTIE.*

*Toutes les grandeurs de ce monde ne valent pas un bon ami.*

JEANNOT & COLIN apprenoient à lire chez le Magiſter du même Village. *Jeannot* étoit fils d'un marchand de mulets, & *Colin* devoit le jour à un brave Laboureur. Ces deux jeunes enfans s'aimoient beaucoup, & ils avoient ensemble les petites familiarités dont on se ressouvient toujours avec agrément, quand on se rencontre ensuite dans le monde.

Le tems de leurs études étoit sur le point de finir, quand un tailleur apporta à *Jeannot* un habit de velours à trois couleurs, avec une veste de Lyon, de fort bon goût : le tout étoit accompagné d'une lettre à Monsieur de *la Jeannotière*. *Colin* admira l'habit, & ne fut point jaloux ; mais *Jeannot* prit un air de supériorité qui affligea *Colin*. Dès ce moment, *Jeannot* n'étudia plus, se regarda au miroir, & méprisa tout le monde. Quelque tems après, un Valet-de-chambre arrive en poste, & apporte une ſeconde lettre à Monſieur le Marquis de *la Jeannotière*. C'étoit un ordre de Monſieur ſon Pere de faire venir Monſieur ſon fils à Paris. *Jeannot* monta en chaiſe, en tendant la main à *Colin*, avec un ſourire de protection aſſez noble. *Colin* ſentit ſon néant & pleura. *Jeannot* partit dans toute la pompe de ſa gloire.

Il faut ſavoir que Monſieur *Jeannot* le Pere, à force d'intrigues, avoit acquis aſſez rapidement des biens immenſes dans les entrepriſes. Bientôt on ne l'appella que Monſieur de *la Jeannotière*. Il y avoit même déjà ſix mois qu'il avoit acheté un Marquiſat, lorſqu'il retira de l'école Monſieur le Marquis ſon Fils, pour le mettre à Paris dans le beau monde.

*Colin*, toujours tendre, écrivit une lettre de complimens à son ancien camarade. Le petit Marquis ne lui fit point de réponse. *Colin* en fut malade de douleur.

Monſieur de *la Jeannotière* vouloit donner une éducation brillante à ſon Fils ; mais Madame la Marquiſe ne voulut pas qu'il apprît le latin, parce qu'on ne jouoit la Comédie & l'Opéra qu'en françois. Elle empêcha auſſi qu'on ne lui apprît la Géographie, parce que, diſoit-elle, les Poſtillons ſauroient bien trouver, ſans qu'il s'en embarraſsât, le chemin de ſes terres. Après avoir examiné de cette maniere toutes les ſciences utiles, il fut décidé que le jeune Marquis apprendroit à danſer.

On imagine bien qu'éloigné de toutes les études qui doivent occuper un jeune homme, il fut bientôt conduit, par l'oisiveté, dans le libertinage. Il dépensa des sommes immenses à rechercher de faux plaisirs, pendant que ses parens s'épuisoient encore davantage à vivre en grands Seigneurs.

Une jeune veuve de qualité, qui n'avoit qu'une fortune médiocre, voulut bien se résoudre à mettre en sûreté les grands biens de Monsieur & de Madame de *la Jeannotière*, en se les appropriant, & en épousant le jeune Marquis. Une vieille voisine proposa le mariage. Les parens, éblouis de la splendeur de cette alliance, accepterent avec joie la proposition. Tout étoit déja prêt pour les noces, & le jeune Marquis, aux genoux de sa belle veuve, recevoit déja les complimens de leurs amis communs, lorsqu'un Valet-de-chambre de sa Mere arrive tout effaré. Voici bien d'autres nouvelles, dit-il! Des Huissiers déménagent la maison de Monsieur & de Madame. Tout est saisi par des créanciers; on parle de prise-de-corps, & je vais faire mes diligences pour être payé de mes gages. Voyons un peu, dit le Marquis, ce que c'est que ça. Oui, dit la veuve, allez punir ces coquins, allez vîte. Il y court, il arrive à la maison. Son Pere étoit déjà emprisonné. Tous les domestiques avoient fui chacun de leur côté, en emportant tout ce qu'ils avoient pû. Sa Mere étoit ſeule, ſans ſecours, ſans conſolation, noyée dans les larmes. Il ne lui reſtoit rien que le ſouvenir de ſa fortune & celui de ſes folles dépenſes.

Après que le Fils eut long-temps pleuré avec ſa Mere, il lui dit enfin : Ne nous déſeſpérons pas. Cette jeune veuve m'aime éperduement. Elle eſt plus généreuſe encore que riche. Je réponds d'elle. Je vais la chercher, & je vous l'amene. Il retourne donc chez ſa maitreſſe. Quoi ! c'eſt vous, lui dit-elle, Monſieur de *la Jeannotière ?* Que venez-vous faire ici ? abandonne-t-on ainſi ſa Mere ? Allez chez cette pauvre femme, & dites-lui que je lui veux toujours du bien. J'ai beſoin d'une Femme-de-chambre, & je lui donnerai la préférence.

Le Marquis, ſtupéfait, la rage dans le cœur, alla chez ceux qu'il avoit vu venir le plus familierement dans la maiſon de ſon Pere. Ils le reçurent tous avec une politeſſe étudiée, & en ne lui donnant que de vagues eſpérances. Il apprit mieux à connoître le monde dans une demi-journée que dans tout le reſte de ſa vie.

Comme il étoit plongé dans l'accablement du déſeſpoir, il vit avancer une chaiſe roulante à l'antique, eſpece de tombereau couvert, avec des rideaux de cuir, ſuivi de quatre charrettes énormes toutes chargées. Il y avoit dans la chaiſe un jeune homme groſſierement vêtu. C'étoit un visage rond & frais, qui respiroit la douceur & la gaieté. Sa petite femme brune & assez grossiérement agréable, étoit cahotée à côté de lui. La voiture n'alloit pas comme le char d'un petit-maître. Le voyageur eut tout le tems de contempler le Marquis immobile, abîmé dans sa douleur. Eh mon Dieu, s'écria-t-il! je crois que c'est-là *Jeannot.* A ce nom le Marquis leve les yeux : la voiture s'arrête. C'est *Jeannot* lui-même, c'est *Jeannot.* Le petit homme rebondi ne fait qu'un saut, & court embrasser son ancien camarade. *Jeannot* reconnut *Colin.* La honte & les pleurs couvrirent son visage. Tu m'as abandonné, lui dit *Colin*; mais tu as beau être grand Seigneur, je t'aimerai toujours. *Jeannot*, confus & attendri, lui conta, en sanglottant, une partie de son histoire. Viens dans l'hôtellerie où je loge me conter le reste, lui dit *Colin*. Embrasse ma petite femme, & allons dîner ensemble.

Ils vont tous trois à pied suivis du bagage. — Qu'est-ce donc que tout cet attirail ? Vous appartient-il ? — Oui, tout est à moi & à ma femme. Nous arrivons du pays. Je suis à la tête d'une bonne Manufacture de fer étamé & de cuivre. J'ai épousé la fille d'un riche Négociant en ustensiles nécessaires aux grands & aux petits. Nous travaillons beaucoup, Dieu nous bénit ; nous n'avons point changé d'état, nous sommes heureux, nous aidetons notre ami *Jeannot.* Ne ſois plus Marquis ; toutes les grandeurs de ce monde ne valent pas un bon ami. Tu reviendras avec moi au pays, je t'apprendrai le métier, il n'eſt pas bien difficile. Je te mettrai de part, & nous vivrons gaiement dans le coin de terre où nous ſommes nés.

*Jeannot* éperdu, ſe ſentoit partagé entre la douleur & la joie, la tendreſſe & la honte ; & il ſe diſoit tout bas : Tous mes amis du bel air m'ont trahi, & *Colin*, que j'ai mépriſé, vient ſeul à mon ſecours. Quelle inſtruction ! La bonté d'ame de *Colin* développa, dans le cœur de *Jeannot*, le germe du bon naturel que le monde n'avoit pas encore étouffé. Il ſentit qu'il ne pouvoit abandonner son Pere & sa Mere. Nous aurons soin de ta Mere, dit *Colin* ; & quant à ton bon-homme de Pere, qui est en prison, j'entens un peu les affaires, & je me charge des siennes. Il vint, effectivement, à bout de le tirer des mains de ses créanciers. *Jeannot* retourna dans sa patrie avec ses parens, qui reprirent leur premiere profession. Il épousa une sœur de *Colin*, laquelle étant de même humeur que le frere, le rendit très-heureux. Et *Jeannot* le Pere, & *Jeannote* la Mere, & *Jeannot* le Fils, virent que le bonheur n'est pas dans la vanité.

## *Le moyen de couler une vie toujours heureuſe.*

MÉNALQUE étoit bien vieux. Déjà les ans avoient penché ſa tête ombragée de cheveux argentés, & il avoit beſoin d'un bâton pour raſſurer ſes pas chancelans. Ménalque avoit travaillé, il avoit fait le bien ; & tranquille & ſerein, il attendoit déſormais le ſommeil du tombeau. La bénédiction du Ciel étoit répandue ſur ſes enfans. Il leur avoit donné de nombreux troupeaux & de riches pâturages. Auſſi, tous s'étudioient à l'envi à embellir ſes vieux jours, & à lui rendre les ſoins qu'il avoit eus de leur jeuneſſe.

Mais l'amuſement le plus cher à ce bon vieillard, c'étoit lorſque les enfans de ſes enfans venoient folâtrer autour de lui. Arbitre de leurs jeux, il jugeoit leurs petits différens, & lui-même faiſoit leurs jouets. Sans ceſſe ils accouroient en criant : Oh ! fais-nous ceci, & puis encore cela. Quand ils l'avoient obtenu, ils ſe précipitoient à ſon cou ; ils ſautoient de joie, & le vieillard ſourioit à leurs tranſports. Il leur apprenoit à tailler le jonc, à en faire des flûtes & des chalumeaux. Il leur enſeignoit les airs qui appellent les brebis & les chêvres au pâturage, & ceux qui les ramènent au bercail. Il compoſoit pour eux des chanſons. Les petits les chantoient, les plus grands les accompagnoient de la flûte. Quelquefois encore il leur racontoit quelque histoire intéressante. Alors on les voyoit assis à terre, ou sur le seuil de la porte, tous la bouche entr'ouverte & les yeux attachés sur ses levres.

Un soir il étoit monté dans sa barque avec un de ses petits-fils, &, côtoyant la mer, il étoit allé poser des filets dans les roseaux qui bordent de toutes parts le rivage de plusieurs petites isles. Déjà le soleil, sur son déclin, commençoit à se plonger dans la mer, & l'onde & le Ciel paroissoient tout en feu.

Que tout ce qui nous environne est beau! s'écria le jeune enfant, instruit par Ménalque à remarquer les beautés de la Nature. Que tout ce qui nous environne est beau ! O mon pere, que j'ai de plaisir en ce moment !

Tu as du plaisir, lui dit Ménalque ? eh bien tu en auras toujours, si tu conserves l'innocence de ton cœur. O mon cher fils ! bientôt je te quitterai ! bientôt j'abandonnerai cette belle contrée, pour recevoir dans des régions encore plus belles, la récompense de la probité ! Ah ! demeure toujours fidele à la vertu, pleure avec l'affligé, & donne de ton pain à l'indigent. Contribue, autant qu'il est en ton pouvoir, au bien-être de tes semblables : sois laborieux, éleve ton esprit vers le Maître de la Nature, à qui les vents & les mers obéiſſent, qui gouverne tout pour le bien de l'Univers. Choiſis plutôt la mort que de conſentir au crime. C'eſt en penſant ainſi, ô mon fils! que j'ai vu mes cheveux blanchir au milieu de la joie. Et quoique j'aie déjà vu quatre-vingt-fois fleurir le bocage qui entoure notre cabane, cependant mes années nombreuſes ſe ſont écoulées comme un jour ſerein du printemps, au milieu des plaiſirs les plus doux. J'ai eſſuyé, il eſt vrai, quelques malheurs. Lorſque ta mere expira, mes yeux verſerent un torrent de larmes; on crut long-temps que je deſcendrois avec elle dans ſon tombeau. Souvent auſſi l'orage m'a ſurpris au milieu de la mer, dans ma barque légere. Je voyois le vent de la tempête plongeant ſes ailes dans les ondes, les ſecouer enſuite dans les airs, & me couvrir d'un effroyable déluge, tandis que les vagues entrouvertes ſembloient prêtes à m'engloutir. Mais bientôt la fureur des vents s'appaiſoit, l'onde calmée me montroit de nouveau l'image du Ciel, & le calme & la joie rentroient dans mon cœur. Maintenant le tombeau m'attend, je ne le crains point. Le ſoir de ma vie ſera auſſi beau que l'ont été le matin & le midi. O mon fils! ſois bon, ſois vertueux, & tu ſeras heureux comme moi, & la Nature aura ſans ceſſe des charmes pour toi.

Le jeune homme ſe pencha ſur le ſein de Ménalque, en lui diſant: Non, non mon pere, tu ne mourras pas ſi-tôt, le Ciel te conſervera encore pour ma conſolation. Et bien des larmes coulerent de ſes yeux. Pendant ce temps leurs filets ſe trouverent tendus. La nuit ſortant peu-à-peu du ſein de la mer, ils voguerent doucement vers leur cabane.

Philète mourut bientôt : ſon fils vertueux le pleura long-temps, & jamais cette ſoirée ne lui ſortit de l'eſprit. Un ſaint treſſaillement le ſaiſiſſoit quand l'image de ſon pere ſe préſentoit à ſon ame. Il ſuivit toujours les inſtructions du reſpectable vieillard. Le Ciel répandit ſes bénédictions ſur ſes travaux. Il vécut long-temps, & ſa vie ne lui parut auſſi qu'un long printemps.

## *Les ſoins prévenans des Enfans pour leurs Peres.*

MYRTILE.

DÉJA, ma ſœur, ſi matin ! A peine le coq matineux a-t-il ſalué l'aurore, & déjà tu cours dans la roſée. Quelle fête prépares-tu donc aujourd'hui, & pourquoi as-tu ſi matin rempli ta corbeille de fleurs ?

DAPHNÉ.

Te voilà, mon cher frere, bon jour. D'où viens-tu pendant l'humidité du matin ? Quel ouvrage as-tu entrepris dès la pointe du jour ? Pour moi je ſuis venue ici chercher des violettes, du muguet, des roſes ; & pendant que notre pere & notre mere dorment encore, je vais les ſurprendre ſur leur lit. Ils ſe réveilleront en reſpirant ces doux parfums, & ſe réjouiront quand ils ſe verront entourés de fleurs.

MYRTILE.

Pour moi, ma ſœur, écoute: tu ſais bien qu'hier au coucher du ſoleil, comme notre pere tournoit les yeux vers le côteau ſur lequel il ſe repoſe ſouvent, il diſoit: Oh! quel plaiſir s'il y avoit-là un berceau qui pût nous recevoir ſous ſon ombre! Je l'entendis, & je fis comme ſi je ne l'avois pas entendu. Mais long-temps avant le lever du ſoleil, je ſuis venu ici, j'y ai conſtruit un berceau, & j'ai attaché à l'entour les branches pendantes des coudriers. Regarde, ma ſœur; l'ouvrage eſt achevé. Ne me décèle pas, juſqu'à ce que lui-même l'ait apperçu. Que ce jour va être heureux pour nous!

DAPHNÉ.

O mon frere! comme il ſera ſurpris agréablement, quand il appercevra de loin le berceau! Je m'en vais à l'inſtant. Je vais me gliſſer légerement auprès du lit de mes parens, & répandre ces fleurs autour d'eux.

MYRTILE.

Lorſqu'ils ſe réveilleront au milieu de ces doux parfums, ils ſe regarderont avec un ſouris tendre, & diront: C'eſt Daphné qui a fait ceci! Où eſt-elle cette enfant? Avant que nous fussions éveillés, elle étoit occupée de nos plaisirs.

DAPHNÉ.

Eh vraiment, quand notre pere, de sa fenêtre, verra le berceau! Me trompé-je, dira-t-il alors? Voilà un berceau sur le haut de la colline. Sûrement c'est mon fils qui l'a construit. Qu'il soit béni mon fils! Le repos de la nuit ne l'a pas empêché de songer à réjouir notre vieillesse. Alors, mon frere, le jour entier sera pour nous un jour de délices; car celui qui commence la journée par une bonne action, est assuré de trouver du plaisir dans tout ce qu'il aura à faire.

## *L'Enfant bien corrigé.*

LE pauvre Nicolas, tout courbé ſous le poids
D'un énorme fagot, s'en revenoit du bois
Un ſoir beaucoup plus tard qu'il n'avoit de coutume.
En marchant, il diſoit, d'un ton plein d'amertume :
« La bonne Marguerite eſt bien triſte à préſent ;
Elle s'inquiete, elle pleure :
Chaque moment
Lui paroît long, long comme une heure.
Antoine eſt triſte auſſi. C'eſt un ſi bon enfant :
C'eſt tout le portrait de ſa mere.
Si les Dieux nous aident, j'eſpere
Qu'il ſera juſte & bienfaiſant.
Cet eſpoir eſt bien doux. Mais voici que j'approche ;

Ils

Ils ſeront conſolés quand ils me reverront.
Comme ils ſeront joyeux ! Comme ils m'embraſſeront !
S'ils me faiſoient quelque reproche,
Je leur dirai pourquoi j'ai tardé ſi long-temps ;
Au lieu de m'en vouloir, ils ſeront bien contens ».
Tout en raiſonnant de la ſorte,
Nicolas arrive à ſa porte.
Il entre, il voit ſa femme aſſiſe auprès du lit ;
Sur la traverſe de ſa chaiſe
Sa tête eſt renverſée ; elle pleure & gémit :
Son fils eſt à genoux ; il tient, il preſſe, il baiſe
Sa main qu'elle paroît vouloir lui retirer.
« Ceſſez, dit Nicolas, ceſſez de ſoupirer :
Me voilà bien portant ..... Eſt-ce ainſi qu'on m'embraſſe ?
Vous ne me dites rien ? Mon fils, tu ne viens pas
Te jetter dans mes bras ?

Une careſſe me délaſſe :
Tu le ſais bien ; viens donc ! ils veulent me punir.
Ne boudez plus : tenez, mettez-vous à ma place ;
Voyez ſi je devois plutôt m'en revenir.
J'avois fais mon fagot ; je ſortois du bocage ;
Il n'étoit pas encore abſolument bien tard,
Quand j'y vois arriver un malheureux vieillard.
Il eſt, je crois, de ce Village
Que par notre fenêtre on apperçoit là-bas.
Il ſe traînoit à peine. A voir votre démarche,
Lui dis-je, Patriarche,
Vous ſemblez déjà las.
Il me répond par un hélas !
Qui me fait grand pitié. Vîte, je prends ma hache,
Je lui coupe un fagot ; je ne le fais pas gros ;
Il ne l'eût pas porté : de deux harts je l'attache,
Et le mets ſur ſon dos.
Il me remercie & me quitte.

Je veux doubler le pas pour arriver plus vîte,
La neige tient à mes ſabots,
Et m'empêche. . . . Mais quoi ! ma chere Marguerite,
Encore des ſoupirs, encore des ſanglots !
Tu ne pardonnes point ? Tu ne m'aimes donc guere ?
Je ne l'aurois pas cru ». Marguerite, à ces mots,
Le prenant par la main, lui dit : « Malheureux pere,
Pourrois-tu déſirer d'être aimé de la mere
Du fils le plus méchant ?
— Antoine méchant ! Lui ! Non, non, ſon caractere
Eſt bon ; je le connois ; il eſt encore enfant,
Il aime à folâtrer, c'eſt le droit de ſon âge :
Mais laiſſe faire, en grandiſſant
Il ſera bon & ſage.
— Dis plutôt cruel : — Non, je le promets pour lui.
Antoine tu devrois le promettre toi-même,
Et tâcher d'appaiſer une mere qui t'aime.

Mais approche, dis-moi : qu'as-tu fait aujourd'hui
Pour la fâcher ? Réponds, puisque je le demande....
Vous vous cachez, mon fils, la faute est donc bien grande.
— Très-grande, cher époux ; mais il en est honteux,
C'est bon signe. — Dis-moi ce que c'est. — Tu le veux,
Tu seras fâché de l'entendre ;
Mais enfin tu le veux, tu le sauras. Ce soir,
Comme il m'ennuyoit de t'attendre,
J'ouvrois de temps en temps la porte, & j'allois voir
Si tu venois ; une fauvette
Entre avec moi dans la maison,
Puis se blottit sur la couchette.
Elle grelottoit. La saison
Est pour cela bien assez dure.
Je la réchauffois dans mon sein,
De mon haleine & sous ma main,
Lorsque je vois entrer la fille de couture,

La petite Babet. La pauvre créature,
En tombant ſur des échalas,
Dans ſa vigne ici près, s'eſt déchiré le bras.
Elle pleuroit, & ſa bleſſure
Saignoit beaucoup. Ce n'eſt pas moi
Qu'elle demandoit; c'étoit toi.
Voyant que tu tardois, & qu'elle étoit preſſée,
Comme j'ai pu, je l'ai panſée.
Pour la panſer, j'ai pris
Le baume du pot gris:
Eſt-ce bien celui-là? Me ſerois-je trompée?
— C'eſt bon. Après? — Tandis que j'étois occupée
A tout cela, ton fils, à qui j'avois donné
La fauvette à tenir, dans un coin s'eſt tourné,
Et puis.... — Acheve donc. — Et puis il l'a plumée.
-- Quoi plumée? -- Oui, par tout le corps;
Hors les ailes pourtant. La porte étoit fermée,
Il a bien ſu l'ouvrir pour la mettre dehors.
Elle a volé, la malheureuſe;

Elle voloit en gémiſſant.
J'entendois ſa voix douloureuſe
Qui me ſaignoit le cœur. . . . . Nous aurons un méchant.
Juge ce qu'il fera, s'il devient jamais grand.
Voilà, mon bon ami, ce qui me déſeſpere.
Aurois-tu fait cela quand tu n'étois qu'enfant?
Moi qui diſois à tout inſtant :
Mon cher Antoine aura la bonté de ſon pere.
Auſſi je l'aimois trop. Que Dieu m'en punit bien !
--- Vas, vas, conſole toi ma chere,
Seche tes pleurs, & ne crains rien.
Il eſt là haut une Juſtice
Aux bons parens toujours propice.
S'il doit être un méchant, les Dieux nous l'ôteront.
Non, jamais ils ne permettront. . . .
Approche-toi, mon fils, viens, viens que je t'embraſſe,
Que je t'embraſſe, hélas! pour la derniere fois.
Tu fais bien de pleurer : je pleure auſſi, tu vois.

Mets ta main ſur mon cœur ; tiens, c'étoit-là ta place ;
Car je t'aimois, Antoine, & c'étoit mon bonheur.
Je ne t'aimerai plus... Oh, ſi fait, j'ai beau dire,
Je t'aimerai toujours : ce ſera ma douleur.
Ciel ! j'aimerois donc un..... J'ai peur de te maudire.
Il faut les ramaſſer les plumes de l'oiſeau,
Et les pendre à ce ſoliveau.
Ramaſſe-les, ma femme.
Quand nous l'aimerons trop, nous les regarderons ;
En les regardant, nous dirons :
Il ne faut point aimer une auſſi méchante ame.
Ce pauvre oiſeau, mon fils (reſte ſur mes genoux),
Ce pauvre oiſeau, crois-tu que la ſeule froidure
L'ait amené chez nous !
Non, c'eſt l'Auteur de la Nature ;

Qui le mettoit entre nos mains.
C'étoit nous ordonner de lui ſauver la vie ;
Il prend ſoin des oiſeaux tout comme des
humains.
Et vous l'avez plumé ? S'il me prenoit envie
De vous envoyer nud paſſer la nuit au froid,
Vous m'en avez donné le droit,
Vous n'auriez point à vous en plaindre.
Mais ce ſeroit méchant, je vous reſſemblerois,
Et plus que vous j'en ſouffrirois.
Ne tremble point, mon fils, vas, tu n'as
rien à craindre,
Car je ſens que je t'aime, & t'aimerai toujours.
J'eſpérois que dans la vieilleſſe
De ta mere & de moi, tu ſerois le ſecours,
Et tu vas abréger nos jours
Par les chagrins & la triſteſſe.
-- Ah maman! Ah papa! baiſez-moi de bon
cœur!
Non, vous ne mourrez pas de chagrin, de
douleur :
Tout le bien que je pourrai faire,
Je vous promets, je le ferai.

Je ſerai bon enfant, je vous reſſemblerai.
Aiſément un pere, une mere
Se laiſſent attendrir. Antoine eut ſon pardon.
Il tint ſa promeſſe, il fut bon.
Il fut ſi vertueux, ſi ſage,
Qu'on le montroit dans le canton,
A tous les enfans de ſon âge.
Un jour qu'il regardoit triſtement au plancher,
Sa mere qui le vit alla prendre une échelle.
Monte mon fils, monte, dit-elle,
Et vas promptement détacher
Les plumes de l'oiſeau : c'eſt-là ce qui t'afflige,
Jette-les au feu, ne crains rien :
Ton pere le veut bien.
Tu le veux, n'eſt-ce pas ? -- Oui. -- Jette-les, te dis-je,
Et qu'il n'en reſte aucun veſtige.
Non, maman, je les garderai ;
A mes enfans, ſi Dieu m'en donne,
En pleurant, je les montrerai.
En même-tems je leur dirai :
Un jour je fus méchant, & maman fut trop bonne.

## *Le besoin d'aimer & d'être aimé.*

LE Visir Azamet avoit plu, dans sa jeunesse, au Sultan Mahmoud, qui l'éleva aux premieres dignités de l'Empire. Dès qu'Azamet fut en place, il voulut réformer les abus; mais les Grands & les Imans le perdirent dans l'esprit du Prince, & même du peuple.

Privé de ses biens, & sans amis, Azamet se retira dans les rochers du Korasan. Là, il vivoit seul dans une petite cabane qu'il avoit construite, & il cultivoit un petit terrein au bord d'un ruisseau.

Il y avoit deux ans qu'il vivoit

dans cette ſolitude, lorſque le ſage Usbeck découvrit ſa retraite. Les conſeils vertueux d'Usbeck n'avoient pas peu contribué à la perte du Viſir. Le Sage, qui n'avoit point oublié ſon ami dans ſa diſgrace, partit pour le Koraſan.

Usbeck n'étoit plus qu'à un paraſange de la cabane du Miniſtre, lorſqu'il le rencontra. Ils ſe reconnurent, ils s'embraſſerent; le Sage verſoit des larmes, le viſage d'Azamet étoit riant, ſon front étoit ſérein, & la joie étoit dans ſes yeux. Béni ſoit l'Eternel qui donne de la force aux malheureux, dit Usbeck! Celui qui poſſédoit une belle maiſon dans les riches plaines de Ghilem, eſt content d'habiter une cabane dans les rochers du Koraſan. O Azamet ! Ta vertu t'a ſuivi dans ces déſerts, elle te conſole d'avoir perdu les roſes d'Hérat, les turquoiſes de Nishapour, & les ſoies de Mezendran; mais a-t-elle pu te conſoler de vivre ſeul ? Il faut des compagnons à ceux-même qui n'ont point d'amis. Quelle ſolitude n'eſt pas un tombeau ?

Ils approchoient cependant de la cabane d'Azamet, où il n'étoit pas rentré depuis le matin. Ils entendirent le henniſſement d'un jeune cheval qui venoit en bondiſſant à leur rencontre. Quand il fut auprès du Viſir, il le careſſa & marcha devant lui en ſautant & en henniſſant.

Usbeck vit accourir d'une prairie voiſine,

voiſines, deux belles géniſſes qui paſſerent & repaſſerent devant Azamet. Elles ſembloient lui offrir leur lait & préſenter leur tête à ſon joug. Elles ſe mirent à ſa ſuite. A quelques pas de là, deux chèvres, ſuivies de leurs petits chevreaux, deſcendirent d'un rocher ; elles témoignerent, par leurs cabrioles, la joie de revoir leur maître qu'elles accompagnerent en badinant autour de lui.

Bientôt du fond d'un petit verger, couvert de jeunes arbres, ſortirent quatre ou cinq moutons ; ils bêloient, ils bondiſſoient & léchoient les mains d'Azamet, qui leur rendoit leurs careſſes en ſouriant. En même-tems quelques pigeons vinrent ſe poſer ſur ſa tête & ſur ſes épaules. Il entroit dans le petit verger qui environnoit ſa cabane, lorſqu'un coq l'apperçut & fit un cri de joie, & à ce cri pluſieurs poules, en coquetant, vinrent augmenter ſon cortége.

Mais les démonſtrations de joie & d'amour de tous ces animaux n'égaloient point celles de deux jeunes chiens blancs qui attendoient Azamet à ſa porte. Ils ne venoient point au-devant de lui, & ſembloient vouloir lui montrer qu'ils gardoient fidèlement ſa demeure qu'il leur avoit confiée; mais au moment qu'il entra, ils l'accablerent des careſſes les plus vives. Ils rampoient autour de lui, ils ſe jettoient à ſes pieds, ils les léchoient. A la moindre careſſe que leur faiſoit leur maître, ils s'élançoient, ils faiſoient de longs circuits autour de la cabane, en courant & en aboyant de toute leur force. L'excès du plaiſir leur donnoit de la folie : ils revenoient bien vîte tout hors d'haleine s'étendre encore aux pieds d'Azamet. Usbeck ſourioit à ce ſpectacle. Eh bien ! lui dit le Viſir, tu me vois tel que j'ai été dès mon enfance, l'ami des êtres ſenſibles. J'ai voulu faire le bonheur des hommes, ils ſe ſont oppoſés à mes deſſeins. Je rends ces animaux heureux, & je jouis de leur reconnoiſſance. Tu vois qu'enfermé dans les rochers du Koraſan, j'ai des compagnons, & que ma ſolitude n'eſt pas un tombeau. Je vis encore, ô mon cher

Usbeck ! Je vis encore, j'aime & je ſuis aimé.

---

## *Les crimes punis l'un par l'autre.*

TROIS hommes voyageoient enſemble : ils rencontrerent un tréſor, & ils le partagerent. Ils continuerent leur route en s'entretenant de l'uſage qu'ils feroient de leurs richeſſes. Les vivres qu'ils avoient portés étoient conſommés, ils convinrent qu'un d'eux iroit en acheter à la Ville, & que le plus jeune ſe chargeroit de cette commiſſion ; il partit.

Il ſe diſoit en chemin : Me voilà riche ; mais je le ſerois bien davantage, ſi j'avois été ſeul quand le trésor s'est présenté. Ces deux hommes m'ont enlevé mes richesses : ne pourrois-je pas les reprendre? Cela me seroit facile ; je n'aurois qu'à empoisonner les vivres que je vais acheter. A mon retour, je dirois que j'ai dîné à la Ville ; mes compagnons mangeroient sans défiance, & ils mourroient. Je n'ai que le tiers du trésor, & j'aurois le tout.

Cependant les deux autres voyageurs se disoient : nous avions bien affaire que ce jeune homme vint s'associer à nous ; nous avons été obligés de partager le trésor avec lui : sa part auroit augmenté les nôtres, & nous serions véritablement riches. Il va revenir, nous avons de bons poignards.

Le jeune homme revint avec des vivres empoiſonnés. Ses compagnons l'aſſaſſinerent ; ils mangerent ; ils moururent, & le tréſor n'appartint à perſonne.

---

## *A L I B É E.*

CHA-ABBAS, Ròi de Perſe, faiſant un voyage, s'écarta de toute ſa Cour, pour paſſer dans la campagne ſans y être connu, & pour y voir les Peuples dans toute leur liberté naturelle. Il prit ſeulement avec lui un de ſes Courtiſans. Je ne connois point, lui dit le Roi, les véritables mœurs des hommes. Tout ce qui nous aborde eſt déguiſé. C'eſt l'art & non pas la nature ſimple qui ſe montre à nous. Je veux étudier la vie ruſtique, & voir ce genre d'hommes qu'on mépriſe tant, quoiqu'ils ſoient le vrai ſoutien de toute la Société humaine. Je ſuis laſſé de voir des Courtiſans qui m'obſervent pour me ſurprendre en me flattant. Il faut que j'aille voir des laboureurs & des bergers qui ne me connoiſſent pas. Il paſſa avec ſon confident au milieu de pluſieurs Villages où l'on faiſoit des danſes; & il étoit ravi de trouver loin des Cours des plaiſirs tranquilles & ſans dépenſe. Il fit un repas dans une cabane; & comme il avoit grand faim, après avoir marché plus qu'à l'ordinaire, les alimens groſſiers qu'il prit, lui parurent plus agréables que tous les mêts exquis de ſa table. En paſſant dans une prairie ſemée de fleurs, qui bordoit un clair ruiſſeau, il apperçut un jeune berger qui jouoit de la flûte à l'ombre d'un grand ormeau, auprès de ſes moutons paiſſans. Il l'aborde, il l'examine, il lui trouve une phyſionomie agréable, un air ſimple & ingénu, mais noble & gracieux. Les haillons dont le berger étoit couvert, ne diminuoient point l'éclat de ſa beauté. Le Roi crut d'abord que c'étoit quelque perſonne de naiſſance illuſtre qui s'étoit déguiſée; mais il apprit du berger que ſon pere & ſa mere étoient dans un Village voiſin, & que ſon nom étoit Alibée. A meſure que le Roi le queſtionnoit, il admiroit en lui un eſprit ferme

& raisonnable. Ses yeux étoient vifs, & n'avoient rien d'ardent & de farouche : sa voix étoit douce & insinuante, propre à toucher. Son visage n'avoit rien de grossier ; mais ce n'étoit pas une beauté molle & efféminée. Le berger, d'environ seize ans, ne savoit point qu'il fût tel qu'il paroissoit aux autres. Il croyoit penser, parler, être fait comme tous les autres bergers de son Village. Mais sans éducation, il avoit appris tout ce que la raison fait apprendre à ceux qui l'écoutent. Le Roi l'ayant entretenu familierement, en fut charmé. Il sut de lui, sur l'état des Peuples, tout ce que les Rois n'apprennent jamais d'une foule de flatteurs qui les environne. De tems en tems il rioit de la naïveté de cet enfant qui ne ménageoit rien dans ſes réponſes. C'étoit une grande nouveauté pour le Roi que d'entendre parler ſi naturellement. Il fit ſigne au Courtiſan qui l'accompagnoit, de ne point découvrir qu'il étoit le Roi; car il craignoit qu'Alibée ne perdît, en un moment, toute ſa liberté & toutes ſes graces, s'il venoit à ſavoir devant qui il parloit. Je vois bien, diſoit le Prince au Courtiſan, que la nature n'eſt pas moins belle dans les plus baſſes conditions que dans les plus hautes. Jamais enfant de Roi n'a paru mieux né que celui-ci qui garde les moutons. Je me trouverois trop heureux d'avoir un fils auſſi beau, auſſi ſenſé, & auſſi aimable. Il me paroît propre à tout ; & si on a soin de l'instruire, ce sera assurément un jour un grand homme. Je veux le faire élever auprès de moi. Le Roi emmena Alibée, qui fut bien surpris d'apprendre à qui il s'étoit rendu si agréable. On lui fit apprendre à lire, à écrire, à chanter, & ensuite on lui donna des Maîtres pour les Arts & pour les Sciences, qui ornent l'esprit. D'abord il fut un peu ébloui de la Cour ; & son grand changement de fortune changea un peu son cœur. Son âge & sa faveur, joints ensemble, altérerent un peu sa sagesse & sa modération. Au lieu de sa houlette, de sa flûte, & de son habit de berger, il prit une robe de pourpre brodée d'or, avec un turban couvert de pierreries.

Sa beauté effaça tout ce que la Cour avoit de plus agréable. Il se rendit capable des affaires les plus sérieuses, & mérita la confiance de son Maître qui, connoissant le goût exquis d'Alibée pour toutes les magnificences d'un Palais, lui donna enfin une charge très-considérable en Perse, qui est celle de garder tout ce que le Prince a de pierreries & de meubles précieux.

Pendant toute la vie du grand Cha-Abbas, la faveur d'Alibée ne fit que croître. A mesure qu'il s'avança dans un âge plus mûr, il se ressouvint enfin de son ancienne condition; & souvent il la regrettoit. O beaux jours, disoit-il à lui-même, jours innocens, jours où j'ai goûté une joie pure & sans périls, jours depuis lesquels je n'en ai vu aucun de si doux, ne vous reverrai-je jamais ? Celui qui m'a privé de vous en me donnant tant de richesses m'a tout ôté. Il voulut aller revoir son Village ; il s'attendrit dans les lieux où il avoit autrefois dansé, chanté, joué de la flûte avec ses compagnons. Il fit quelque bien à tous ses parens & à tous ses amis. Il leur souhaita, pour principal bonheur, de ne quitter jamais la vie champêtre, & de n'éprouver jamais les malheurs de la Cour.

Il les éprouva, ces malheurs, après la mort de son bon Maître Cha-Abbas. Son fils Chaph-Sephi succéda à ce Prince. Des Courtisans envieux & pleins d'artifices, trouverent moyen de le prévenir contre

Alibée. Il a abusé, disoient-ils, de la confiance du feu Roi. Il a amassé des trésors immenses, & a détourné plusieurs choses d'un très-grand prix, dont il étoit dépositaire. Chaph-Sephi étoit, tout ensemble, jeune & Prince : il n'en falloit pas tant pour être crédule, inappliqué, & sans précaution. Il eut la vanité de vouloir paroître réformer ce que le Roi, son pere, avoit fait, & juger mieux que lui. Pour avoir un prétexte de déposséder Alibée de sa charge, il lui demanda, selon le conseil de ses Courtisans envieux, de lui apporter un cimeterre garni de diamans, d'un prix immense, que le Roi, son grand-pere, avoit accoutumé de porter dans les combats.

Cha-Abbas avoit fait, autrefois, ôter de ce cimeterre tous les beaux diamans; & Alibée prouva, par de bons témoins, que la chofe avoit été faite par l'ordre du feu Roi, avant que la charge eût été donnée à Alibée. Quand les ennemis d'Alibée virent qu'ils ne pouvoient plus fe fervir de ce prétexte pour le perdre, ils confeillerent à Chaph-Sephi de lui commander de faire, dans quinze jours, un inventaire exact de tous les meubles précieux dont il étoit chargé. Au bout de quinze jours il demanda à voir, lui-même, toutes chofes. Alibée lui ouvrit toutes les portes, & lui montra tout ce qu'il avoit en garde. Rien n'y manquoit : tout étoit propre, bien rangé, & confervé avec grand ſoin. Le Roi, bien étonné de trouver par-tout tant d'ordre & d'exactitude, étoit preſque revenu en faveur d'Alibée, lorſqu'il apperçut, au bout d'une grande galerie pleine de meubles très-ſomptueux, une porte de fer qui avoit trois grandes ſerrures. C'eſt là, lui dirent à l'oreille les Courtiſans jaloux, qu'Alibée a caché toutes les choſes précieuſes qu'il vous a dérobées. Auſſi-tôt le Roi, en colere, s'écria : Je veux voir ce qui eſt au-delà de cette porte. Qu'y avez-vous mis ? Montrez-le moi. A ces mots, Alibée ſe jetta à ſes genoux, le conjurant, au nom de Dieu, de ne lui pas ôter ce qu'il avoit de plus précieux ſur la terre. Il n'eſt pas juſte, diſoit-il, que je perde en un moment ce qui me reſte, & qui fait ma reſſource, après avoir travaillé tant d'années auprès du Roi, votre pere. Otez-moi, ſi vous voulez, tout le reſte; mais laiſſez-moi ceci. Le Roi ne douta point que ce ne fût un tréſor mal acquis, qu'Alibée avoit amaſſé. Il prit un ton plus haut, & voulut abſolument qu'on ouvrît cette porte. Enfin Alibée, qui en avoit les clefs, l'ouvrit lui-même. On ne trouva, en ce lieu, que la houlette, la flûte & l'habit de berger, qu'Alibée avoit porté autrefois, & qu'il revoyoit ſouvent avec joie, de peur d'oublier ſa premiere condition. Voilà, dit-il, ô grand Roi! les précieux reſtes de mon ancien bonheur. Ni la fortune, ni votre puiſſance, n'ont pû me les ôter. Voilà mon trésor que je garde pour m'enrichir, quand vous m'aurez fait pauvre. Reprenez tout le reste ; laissez-moi ces chers gages de mon premier état. Les voilà, mes vrais biens qui ne manqueront jamais. Les voilà, ces biens simples, innocens, toujours doux à ceux qui savent se contenter du nécessaire, & ne se tourmentent point pour le superflu. Les voilà, ces biens dont la liberté & la sûreté sont les fruits. Les voilà, ces biens qui ne m'ont jamais donné un moment d'embarras. O chers instrumens d'une vie simple & heureuse ! je n'aime que vous ; c'est avec vous que je veux vivre & mourir. Pourquoi faut-il que d'autres biens trompeurs soient venus m'abuſer, & troubler le repos de ma vie? Je vous les rends, grand Roi, toutes ces richeſſes qui me viennent de votre libéralité. Je ne garde que ce que j'avois, quand le Roi votre pere vint, par ſes graces, me rendre malheureux.

Le Roi, entendant ces paroles, comprit l'innocence d'Alibée, & étant indigné contre les Courtiſans qui l'avoient voulu perdre, il les chaſſa d'auprès de lui. Alibée devint ſon principal Officier, & fut chargé des affaires les plus ſecrettes; mais il revoyoit tous les jours ſa houlette, ſa flûte, & ſon ancien habit qu'il tenoit toujours prêts dans ſon tréſor, pour les reprendre dès que la fortune inconſtante troubleroit ſa faveur. Il mourut dans une extrême vieilleſſe, ſans avoir jamais voulu ni faire punir ſes ennemis, ni amaſſer aucun bien, & ne laiſſant à ſes parens que de quoi vivre dans la condition de berger, qu'il crut toujours la plus ſûre & la plus heureuſe.

---

## *L'homme bienfaiſant, même après ſa mort.*

NOUS allions à Delphes, Lycas & moi, porter notre offrande à Apollon. Déjà nous appercevions la colline ſur laquelle le Temple, orné de colonnes d'une blancheur éclatante, s'éleve du ſein d'un bois de lauriers vers la voûte azurée des Cieux. Plus loin, nos yeux ſe perdoient ſur la plaine immenſe des mers. Il étoit midi. Le ſable brûloit nos pieds, & à chaque pas que nous faiſions, il s'élevoit une pouſſiere enflammée, qui nous brûloit les yeux & ſe colloit ſur nos levres deſſéchées. Nous graviſſions ainſi, accablés de langueur; mais bientôt nous hâtâmes le pas, lorſque nous apperçûmes devant nous, ſur le bord même du chemin, quelques arbres hauts & touffus. Leur ombrage étoit auſſi ſombre que la nuit. Saiſis d'un frémiſſement religieux, nous entrâmes dans le bocage, où l'on reſpiroit la plus douce fraîcheur. Ce lieu de délices offroit à-la-fois tout ce qui pouvoit récréer nos ſens. Ces arbres touffus entouroient un parterre de gazon arrosé par une source de l'eau la plus fraîche. Des branches chargées de poires & de pommes dorées, s'inclinoient vers le bassin, & les troncs des arbres étoient entrelacés de fertiles buissons, de l'églantier, de la groseille & du murier sauvage. La fontaine sortoit en bouillonnant du pied d'un tombeau entouré de chèvre-feuilles, de saules & de lierr rampant. O Dieux! m'écriai-je, quel charme on respire en ce lieu! Mon cœur bénit celui dont la main bienfaisante a planté ces doux ombrages. C'est ici peut-être que reposent ses cendres. Voici, me dit Lycas, voici quelques caracteres que j'apperçois entre ces rameaux de chèvre-feuille, sur le bord du tombeau. Peut-être nous apprendront-ils quel eſt celui qui daigna pourvoir au ſoulagement du voyageur fatigué. Il ſouleva les rameaux avec ſon bâton, & lut ces mots :

» Ici repoſent les cendres d'Amyntas. Sa vie entiere ne fut qu'une chaîne de bienfaits. Voulant encore faire du bien long-tems après ſa mort, il conduiſit cette ſource en ce lieu, & il y planta ces arbres «.

Que ta cendre ſoit bénie, homme généreux ! que tous les tiens, que tous ceux que tu laiſſas après toi, ſoient bénis à jamais ! en diſant ces mots, je vis de loin, ſous les arbres, quelqu'un s'avancer vers nous. C'étoit une femme jeune & belle, qui venoit à la fontaine avec un vaſe de terre ſous ſon bras. Je vous ſalue, nous dit-elle, d'une voix gracieuſe. Vous êtes étrangers; & vous êtes accablés ſans doute du long chemin que vous avez fait durant la chaleur du jour. Dites-moi, auriez-vous beſoin de quelques rafraîchiſſemens, que vous n'ayez pas trouvés ici? Nous te remercions, lui répondis je, nous te remercions, femme aimable & bienfaiſante. Que pourrions-nous déſirer encore? L'eau de cette fontaine eſt ſi pure! ces fruits ſi délicieux! ces ombrages ſi frais! nous ſommes pénétrés de vénération pour l'homme de bien dont la cendre repoſe ici. Sa bienfaiſance a prévenu tous les beſoins du voyageur. Tu parois être de cette contrée, tu l'as connu ſans doute. Ah! dis-nous, tandis que nous repoſons à la fraîcheur de de l'ombre, dis-nous, quel fut cet homme vertueux ?

Alors elle s'assit, posa son vase de terre à son côté, & s'appuyant dessus, elle reprit avec un sourire gracieux.

Puisque vous désirez de savoir quel est l'homme qui repose sous cette tombe, comment il a conduit ici cette source, & comment il a planté ces arbres, je vais vous le raconter.

Amyntas étoit le nom de cet homme de bien. Honorer les Dieux, être utile aux hommes, c'étoit pour lui le bonheur le plus doux. Dans toute cette contrée, il n'est pas un Berger qui ne révère sa mémoire, avec la reconnoissance la plus tendre. Il n'en est pas un qui ne raconte, en versant des larmes de joie, quelques traits de ſa droiture ou de ſa bonté. Dans ſes derniers jours, il venoit ſouvent s'aſſeoir ici ſur le bord du chemin. D'un air affable & doux, il ſaluoit les paſſans, & offroit des rafraîchiſſemens au voyageur fatigué. Eh quoi, dit-il un jour, ſi je plantois ici quelques arbres fruitiers, ſi, ſous leur ombrage, je conduiſois une ſource fraîche & l'impide! L'eau & l'ombre ſont loin de ces lieux; je ſoulagerois encore long-tems après moi, & l'homme fatigué, & celui qui languit aux ardeurs du midi. Ce deſſein fut promptement exécuté. De ſes mains débiles il conduiſit ici la ſource la plus pure, & à l'entour il planta ces arbres fertiles, dont les fruits mûriſſent en différentes ſaiſons. Il n'a pu voir ces arbres dans toute leur vigueur, étendre au loin leurs branches touffues, & l'extrémité de leurs rameaux cédant au poids des fruits mûrs, ſe courber juſques ſur le gazon fleuri; mais il leur a vu prendre leurs premiers accroiſſemens, il s'eſt promené ſous leur ombre naiſſante. Lorſque les Dieux, pour ſe hâter ſans doute de récompenſer ſa bienfaiſance, ont rappellé ſon ame dans leur ſein, nous avons enſéveli ſa dépouille mortelle dans ces lieux, afin que tous ceux qui repoſeront ſous cet ombrage, béniſſent ſa cendre.

A ce récit, pénétrés de reſpect, nous bénîmes la cendre de l'homme de bien, & nous dîmes à la Bergere : » Cette ſource nous a paru bien douce, la fraîcheur de cette ombre nous a récréés ; mais bien plus encore le récit que tu viens de nous faire. Que les Dieux bénissent tous les instans de ta vie » ! Et pleins d'un sentiment religieux, nous portâmes nos pas au Temple d'Apollon.

---

## *L'Hospitalité.*

### *Philémon et Baucis.*

Philémon & Baucis, par des désirs constans,
Avoient uni leurs cœurs dès leur plus doux printems.
Eux seuls ils composoient toute leur république,
Heureux de ne devoir à pas un Domestique,
Le plaisir ou le gré des soins qu'ils se rendoient.

Tout vieillit : ſur leur front les rides s'éten-
doient.
L'amitié modéra leurs feux ſans les détruire,
Et par des traits nouveaux fut toujours ſe
produire.
Ils habitoient un Bourg plein de gens dont
le cœur
Joignoit aux duretés un ſentiment moqueur.
Jupiter réſolut d'abolir cette engeance.
Il part avec ſon fils, le Dieu de l'éloquence.
Tous deux en Pélerins vont viſiter ces lieux.
Mille logis y ſont, un ſeul ne s'ouvre aux
Dieux.
Prêts enfin de quitter un ſéjour ſi profane,
Ils virent à l'écart une étroite cabane,
Demeure hoſpitaliere, humble & chaſte
maiſon.
Mercure frappe, on ouvre; auſſi-tôt Philémon
Vient au-devant des Dieux, & leur tient ce
langage :
Vous me ſemblez tous deux fatigués du
voyage.
Repoſez-vous. Uſez du peu que nous
avons.

L'aide des Dieux a fait que nous le conſervons.
Baucis, ne tardez point. Faites tiédir cette onde ;
Encor que le pouvoir au déſir ne réponde,
Nos Hôtes agréeront les ſoins qui leur ſont dus.
Quelques reſtes du feu ſous la cendre épandus,
D'un ſouffle haletant par Baucis s'allumerent;
Des branches de bois ſec auſſi-tôt s'enflammerent.
L'onde tiede, on lava les pieds des voyageurs;
Philémon les pria d'excuſer ces longueurs :
Et pour tromper l'ennui d'une attente importune,
Il entretint les Dieux, non point ſur la Fortune,
Sur ſes jeux, ſur la pompe & la grandeur des Rois ;
Mais ſur ce que les champs, les vergers & les bois,
Ont de plus innocent, de plus doux, de plus rare :

Cependant par Baucis le feſtin ſe prépare.
La table où l'on ſervit le champêtre repas,
Fut d'ais non façonnés à l'aide du compas ;
Encore aſſure-t-on, ſi l'hiſtoire en eſt crue,
Qu'en un de ſes ſupports le tems l'avoit rompue.
Baucis en égala les appuis chancelans
Des débris d'un vieux vaſe, autre injure du tems.
Un tapis tout uſé couvrit deux eſcabelles ;
Il ne ſervoit pourtant qu'aux Fêtes ſolemnelles.
Le linge orné de fleurs fut couvert pour tout mets,
D'un peu de lait, de fruits, & des dons de Cérès.
Les divins voyageurs, altérés de leur courſe,
Mêloient au vin groſſier le criſtal d'une ſource.
Plus le vaſe verſoit, moins il s'alloit vuidant.
Philémon reconnut ce miracle évident.
Baucis n'en fit pas moins. Tous deux s'agenouillerent,
A ce ſigne d'abord leurs yeux ſe deſſillerent.

Jupiter leur parut avec ces noirs ſourcils
Qui font trembler les Cieux ſur leurs poles
 aſſis.
Grand Dieu, dit Philémon, excuſez notre
 faute !
Quels humains auroient cru recevoir un tel
 Hôte ?
Ces mêts, nous l'avouons, ſont peu délicieux,
Mais quand nous ſerions Rois, que donner
 à des Dieux ?
C'eſt le cœur qui fait tout. Que la terre &
 que l'onde
Apprêtent un repas pour les Maîtres du
 monde,
Ils lui préféreront les ſeuls préſens du cœur.
Baucis ſort, à ces mots, pour réparer l'erreur.
Dans le verger couroit une perdrix privée,
Et par de tendres ſoins dès l'enfance élevée.
Elle en veut faire un mêts, & la pourſuit en
 vain,
La volatile échappe à ſa tremblante main.
Entre les pieds des Dieux elle cherche un
 aſyle.

Ce recours à l'oiſeau ne fut pas inutile.
Jupiter intercede. Et déja les vallons
Voyoient l'ombre en croiſſant, tomber du haut des monts.
Les Dieux ſortent enfin, & font ſortir leurs Hôtes.
De ce bourg, dit Jupin, je veux punir les fautes.
Suivez-nous: toi Mercure, appelle les vapeurs.
O gens durs! vous n'ouvrez vos logis, ni vos cœurs.
Il dit: & les Autans troublent déjà la plaine.
Nos deux époux ſuivoient, ne marchant qu'avec peine.
Un appui de roſeau ſoulageoit leurs vieux ans.
Moitié ſecours des Dieux, moitié peur, ſe hâtans,
Sur un mont aſſez proche enfin ils arriverent.
A leurs pieds, auſſi-tôt cent nuages creverent.
Des Miniſtres du Dieu, les eſcadrons flottans,
Entraînerent ſans choix, animaux, habitans,
Arbres, maiſons, vergers, toute cette demeure.

Sans veſtiges du Bourg, tout diſparut ſur l'heure.
Les vieillards déploroient ces ſéveres deſtins.
Les animaux périr ! car encor les humains
Tous avoient dû tomber ſous les céleſtes armes ;
Baucis en répandit en ſecret quelques larmes.
Cependant l'humble toit devient marbre, & ſes murs
Changent leur frêle enduit en marbres les plus durs.
De pilaſtres maſſifs les cloiſons revêtues ;
En moins de deux inſtans s'élevent juſqu'aux nues.
Nos deux époux ſurpris, étonnés, confondus,
Se crurent par miracle en l'Olympe rendus.
Vous comblez, dirent-ils, vos moindres créatures.
Aurions-nous bien le cœur & les mains aſſez pures,
Pour préſider ici ſur les honneurs divins,
Et Prêtres, vous offrir les vœux des Pélerins ?
Jupiter exauça leur priere innocente.

Hélas! dit Philémon, si votre main puissante
Vouloit favoriser jusqu'au bout deux mortels,
Ensemble nous mourrions en servant vos Autels.
La mort feroit d'un coup ce double sacrifice.
D'autres mains nous rendroient un vain & triste office.
Je ne pleurerois point celle-ci, ni ses yeux
Ne troubleroient non plus, de leurs larmes, ces lieux.
Jupiter, à ce vœu, fut encor favorable.
Mais oserai-je dire un fait presque incroyable?
Un jour qu'assis tous deux dans le sacré parvis
Ils contoient cette histoire aux Pélerins ravis,
La troupe, à l'entour d'eux, debout, prêtoit l'oreille;
Philémon leur disoit: Ce lieu plein de merveille,
N'a pas toujours servi de Temple aux Immortels.
Un Bourg étoit autour ennemi des Autels.
Gens barbares, gens durs, habitacle d'impies,
Du céleste courroux tous furent les hosties.

Il ne reſta que nous d'un ſi triſte débris :
Vous en verrez tantôt l'hiſtoire en nos lambris.
Jupiter l'y peignit. En contant ces annales,
Philémon regardoit Baucis par intervalles.
Elle devenoit arbre, & lui tendoit les bras.
Il veut lui tendre auſſi les ſiens, & ne peut pas.
Il veut parler, l'écorce à ſa langue preſſée.
L'un & l'autre ſe dit adieu de la penſée.
Leur corps n'eſt tantôt plus que feuillage & que bois.
D'étonnement la troupe, ainſi qu'eux, perd la voix.
Même inſtant, même ſort à la fin les entraîne.
Baucis devint tilleul, Philémon devint chêne.
On va les voir encore, afin de mériter
Les douceurs qu'en hymen Amour leur fit goûter.

La

## *La Probité récompensée.*

PERRIN avoit reçu le jour en Bretagne, dans un Village auprès de Vitré. Né pauvre, & ayant perdu son pere & sa mere avant de pouvoir en bégayer les noms, il dut sa subsistance à la charité publique. Il apprit à lire & à écrire. Son éducation ne s'étendit pas plus loin. A l'âge de quinze ans, il servit dans une petite Ferme, où on lui confia le soin des troupeaux. Lucette, une jeune Paysanne du voisinage, fut, dans le même-temps, chargée de ceux de son pere. Elle les conduisoit dans des pâturages où elle voyoit souvent Perrin, qui lui rendoit tous les petits ſervices qu'on peut rendre à ſon âge & dans ſa ſituation. L'habitude de ſe voir, leurs occupations, leur bonté mutuelle, leurs ſoins officieux les attacherent l'un à l'autre. Perrin ſe propoſa de demander Lucette en mariage à ſon pere. Lucette y conſentit, mais elle ne voulut pas être préſente à cette viſite. Elle devoit aller le lendemain à la Ville ; elle pria Perrin de choiſir cet inſtant, & de venir le ſoir au-devant d'elle, pour lui apprendre comment il auroit été reçu.

Le jeune homme, au temps marqué, vola chez le pere de Lucette, & lui déclara, avec franchiſe, qu'il aimoit ſa fille, & qu'il voudroit bien l'épouſer. Tu aimes ma fille, interrompit brusquement le vieillard ! Tu voudrois l'épouser ! Y songes-tu, Perrin ? comment feras-tu ? As-tu des habits à lui donner, une maison pour la recevoir, & du bien pour la nourrir ? Tu sers, tu n'as rien. Lucette n'est pas assez riche pour fournir à ton entretien & au sien. Perrin, ce n'est pas ainsi qu'on se met en ménage. — J'ai des bras, je suis fort, on ne manque jamais de travail quand on l'aime ; & que ne ferai-je point quand il s'agira de soutenir Lucette ! Jusqu'à présent j'ai gagné cinq écus tous les ans, j'en ai amassé vingt : ils feront les frais de la noce ; j'en travaillerai davantage, mes épargnes augmenteront, je pourrai prendre une petite Ferme. Les plus riches

Habitans de notre Village ont commencé comme moi ; pourquoi ne réussirois-je pas comme eux ? — Eh bien, tu es jeune, tu peux attendre encore ; deviens riche, & ma fille est à toi ; mais jusqu'à ce moment, ne m'en parle pas.

Perrin ne put obtenir d'autre réponse, il courut chercher Lucette ; il la rencontra bientôt ; il étoit triste. Elle lut sur son visage la nouvelle qu'il venoit lui annoncer. — Mon pere t'a donc refusé ? — Ah Lucette que je suis malheureux d'être né si pauvre ! Mais je n'ai pas perdu toute espérance. Ma situation peut changer. Ton mari n'auroit rien épargné pour te procurer de l'aisance ; ferai-je moins pour devenir ton mari ? Va, nous ſerons unis un jour. Conſerve-moi toujours ton cœur ; ſouviens-toi que tu me l'as donné.

En parlant ainſi ils étoient toujours ſur la route de Vitré. La nuit qui s'avançoit les preſſoit de regagner leurs maiſons ; ils alloient fort vîte. Perrin fait un faux pas, & tombe. En ſe relevant, ſes mains cherchent ce qui a cauſé ſa chûte, c'étoit un ſac aſſez peſant. Il le ramaſſe ; curieux de ſavoir ce qu'il contient, il entre avec Lucette dans un champ où brûloient encore des racines auxquelles les Laboureurs avoient mis le feu pendant le jour. A la clarté qu'elles répandent, il ouvre le ſac, & y trouve de l'or. Que vois-je, s'écria Lucette! Ah Perrin, tu es devenu riche!

— Quoi Lucette, je pourrois te posséder ! Le Ciel, favorable à nos desirs, m'auroit-il envoyé de quoi satisfaire ton pere, & nous rendre heureux ? Cette idée verse la joie dans leurs ames : ils contemplent avidement leur trésor, puis après s'être regardés un moment avec tendresse, ils se mettent en chemin pour aller sur le champ le montrer au vieillard. Ils étoient près de sa maison, lorsque Perrin s'arrête. — Nous n'attendons notre bonheur que de cet or, dit-il à Lucette, mais est-il à nous ? Sans doute il appartient à quelque Voyageur ; la Foire de Vitré vient de finir. Un Marchand en retournant chez lui, l'a vraisemblablement perdu : dans ce moment où nous

nous livrons à la joie, il eſt peut-être en proie au déſeſpoir le plus affreux. — Ah Perrin, ta réflexion eſt terrible! Le malheureux gémit ſans doute. Pouvons-nous jouir de ſon bien? Le haſard nous l'a fait trouver; mais le retenir eſt un vol. — Tu me fais frémir....... Nous allions le porter à ton pere, il nous auroit rendus heureux; mais peut-on l'être du malheur d'autrui? Allons voir Monſieur le Recteur, (c'eſt le nom que les Bretons donnent à leurs Curés), il a toujours eu mille bontés pour moi; il m'a placé dans la Ferme où je ſers. Je ne dois rien faire ſans le conſulter.

Le Recteur étoit chez lui. Perrin lui remit le ſac qu'il avoit trouvé,

& avoua qu'il l'avoit regardé d'abord comme un préſent du Ciel. Il ne cacha point ſon amitié pour Lucette, & l'obſtacle que ſa pauvreté mettoit à leur union. Le Paſteur l'écoute avec bonté. Il les regarde l'un & l'autre. Leur procédé l'attendrit. Il voit toute l'ardeur de leur tendreſſe, & admire la probité qui lui eſt encore ſupérieure. Il applaudit à leur action. — Perrin, conſerve toujours les mêmes ſentimens. Le Ciel te bénira ; nous retrouverons le maître de cet or ; il récompenſera ta probité. J'y joindrai quelques-unes de mes épargnes ; tu poſſéderas Lucette. Je me charge d'obtenir l'aveu de ſon pere. Vous méritez d'être l'un à l'autre. Si l'argent que tu dépoſes entre mes mains, n'eſt point réclamé, c'eſt un bien qui appartient aux pauvres; tu l'es, je croirai ſuivre l'ordre du Ciel en te le rendant, il en a déjà diſpoſé en ta faveur.

Les deux jeunes gens ſe retirerent ſatisfaits d'avoir fait leur devoir, & remplis des douces eſpérances qu'on leur donnoit. Le Recteur fit crier dans ſa Paroiſſe le ſac qu'on avoit perdu; il le fit afficher enſuite à Vitré, & dans tous les Villages voiſins. Pluſieurs hommes avides ſe préſenterent; mais aucun n'indiqua la ſomme, ni l'eſpece de monnoie, ni le ſac qui la contenoit.

Pendant ce tems, le Recteur n'oublia pas qu'il avoit promis à Perrin de s'occuper de ſon bonheur. Il lui fit avoir une petite Ferme, la monta de bestiaux & des instrumens nécessaires au labourage; & deux mois après il le maria avec Lucette. Les deux époux, au comble de leurs vœux, remercietent avec ardeur le Ciel & le Recteur. Perrin étoit laborieux. Lucette s'occupoit de son ménage; ils étoient exacts à payer le Propriétaire de leur Ferme; ils vivoient médiocrement du surplus, & se trouvoient heureux.

L'or perdu ne fut point réclamé pendant deux ans. Le Recteur ne jugea pas qu'il fallût attendre davantage, il le porta au couple vertueux qu'il avoit uni. Mes enfans, leur dit-il, jouissez du bienfait de la Providence, & n'en abusez pas.

Ces douze mille francs ſont actuellement ſans produit, vous pouvez en faire uſage. Si par haſard vous en découvriez le maître, vous devriez ſans doute les lui rendre. Faites-en un emploi, qui, les changeant ſeulement de nature, n'en diminue point la valeur. Perrin ſuivit ce conſeil. Il ſe propoſa d'acquérir la Ferme qu'il tenoit à bail. Elle étoit à vendre. On l'eſtimoit un peu plus de douze mille francs; mais en payant comptant, on pouvoit eſpérer de l'avoir à ce prix. Cet argent, qu'il ne regardoit que comme un dépôt, ne pouvoit être mieux placé; & ſi le maître ſe retrouvoit un jour, il n'auroit pas à ſe plaindre.

Le Recteur approuva ce projet.

L'acquiſition fut bientôt faite. Le Fermier, devenu Propriétaire, donna une plus grande valeur à ſon terrein. Ses champs mieux cultivés devinrent plus fertiles. Il vécut dans cette douce aiſance qu'il avoit eu l'ambition de procurer à Lucette. Deux enfans bénirent ſucceſſivement leur union. Ils prenoient plaiſir à ſe voir revivre dans ces tendres gages de leur amour. En revenant des champs, Perrin trouvoit ſa femme qui venoit au-devant de lui, & lui préſentoit ſes enfans. Il les embraſſoit l'un & l'autre, les quittoit pour ſerrer ſon épouſe dans ſes bras, puis revenoit encore à eux pour les accabler tour-à-tour de careſſes. L'un eſſuyoit la ſueur dont ſon front étoit couvert, l'autre essayoit de le soulager du poids du hoyau qu'il portoit. Perrin sourioit de ses foibles efforts, le caressoit de nouveau, & rendoit graces au Ciel qui lui avoit donné une épouse tendre & des enfans qui lui ressembloient.

Quelques années après, le vieux Recteur mourut. Perrin & Lucette le pleurerent. Ils songeoient avec attendrissement à ce qu'ils lui devoient. Cet événement les fit réfléchir sur eux-mêmes. Nous mourrons aussi, disoient-ils, notre Ferme restera à nos enfans. Elle n'est pas à nous. Si celui à qui elle appartient revenoit, il en seroit privé pour toujours; nous emporterions le bien d'autrui au tombeau. Ils ne pouvoient soutenir cette idée.

Leur délicateſſe leur fit écrire une déclaration qu'ils dépoſerent entre les mains du nouveau Recteur, & qu'ils firent ſigner par les plus notables Habitans du Village. Cette précaution qu'ils jugeoient néceſſaire, pour aſſurer une reſtitution à laquelle ils croyoient leurs enfans obligés, les tranquilliſa.

Il y avoit dix ans qu'ils étoient établis. Perrin, après un travail pénible, revenoit un jour dîner avec ſon épouſe, il vit paſſer ſur la grande route deux hommes dans une voiture, qui verſa à quelques pas de lui. Il courut porter du ſecours. Il offrit les chevaux de ſa charrue pour tranſporter les malles. Il pria les Voyageurs de venir ſe repoſer chez lui. Ils n'étoient point bleſſés.

Ce lieu-ci m'eſt bien funeſte, s'écria l'un d'eux, je ne puis y paſſer ſans éprouver des malheurs. J'y ai fait, il y a douze ans, une perte aſſez conſidérable. Je revenois de la Foire de Vitré, j'emportois douze mille francs en or, que j'ai perdus. Comment, lui dit Perrin, qui l'écoutoit avec attention, avez-vous négligé de faire des recherches pour les retrouver ? — Cela ne me fut pas poſſible, je me rendois à l'Orient, où je devois m'embarquer pour les Indes. Le temps preſſoit; le vaiſſeau, prêt à mettre à la voile, ne m'auroit point attendu; je ne pus faire des perquiſitions ſans doute inutiles, qui, en retardant mon départ, m'auroient apporté un préjudice beaucoup plus grand que la perte que j'avois faite.

Ce diſcours fait treſſaillir Perrin. Il s'empreſſe davantage auprès du Voyageur. Il le conjure d'accepter l'aſyle qu'il lui offre. Sa maiſon étoit la plus prochaine & la plus propre habitation du lieu. On cede à ſes inſtances. Il marche le premier pour montrer le chemin. Il rencontre bientôt ſa femme, qui, ſelon ſon uſage, venoit au-devant de lui. Il lui dit d'aller promptement préparer un dîner pour ſes Hôtes. En attendant le repas, il leur préſente des rafraîchiſſemens ; & fait retomber la converſation ſur la perte dont l'un s'eſt plaint. Il ne doute plus que ce ne ſoit à lui qu'il doit une reſtitution. Il va chercher le nouveau Recteur, l'informe de ce qu'il vient d'apprendre, l'invite à partager le dîner de ses Hôtes, & à leur tenir compagnie. Celui-ci l'accompagne, & ne cesse d'admirer la joie que ce bon Paysan a d'une découverte qui doit le ruiner.

On dîne. Les Voyageurs satisfaits ne savent comment reconnoître l'accueil que leur fait Perrin. Ils admirent son petit ménage, son bon cœur, sa franchise, l'air ouvert de Lucette, sa candeur, son activité; ils caressent les enfans. Perrin, après le repas, leur montre sa maison, son potager, sa bergerie, ses bestiaux, les entretient de ses champs & de leur produit. Tout cela vous appartient, dit-il ensuite au premier Voyageur. L'or que vous avez perdu est tombé entre mes mains. Voyant qu'il n'étoit point réclamé, j'en ai acheté cette Ferme, dans le dessein de la remettre un jour à celui qui y a de véritables droits. Elle est à vous. Si j'étois mort avant de vous trouver, M. le Recteur a un écrit qui constate votre propriété.

L'Etranger, surpris, lit l'écrit qu'il lui remet. Il regarde Perrin, Lucette & ses enfans. Où suis-je, s'écrie-t-il enfin, & que viens-je d'entendre? Quel procédé! Quelle vertu! Quelle noblesse! Et dans quel état les trouvé-je! Avez-vous quelque autre bien que cette Ferme, ajouta-t-il? — Non; mais si vous ne la vendez point, vous aurez besoin d'un Fermier, & j'espere que vous me donnerez la préférence. — Votre probité mérite une autre récompenſe. Il y a douze ans que j'ai perdu la ſomme que vous avez trouvée. Depuis ce temps, Dieu a béni mon commerce, il s'eſt étendu, il a proſpéré; je ne me ſuis pas reſſenti long-temps de ma perte; cette reſtitution aujourd'hui ne me rendroit pas plus riche. Vous méritez cette petite fortune. La Providence vous en a fait préſent, ce ſeroit l'offenſer que de vous l'ôter. Conſervez-la, elle vous appartient; &, s'il le faut, je vous la donne. Vous pouviez la garder, je ne la réclamois point. Quel homme eût agi comme vous!

Il déchira auſſi-tôt l'écrit qu'il tenoit dans ſes mains. Une ſi belle action, ajouta-t-il, ne doit point être ignorée. Il n'eſt pas beſoin d'un nouvel acte pour aſſurer ma ceſſion, votre propriété & celle de vos enfans; je le ferai cependant écrire pour perpétuer le ſouvenir de vos ſentimens & de votre honnêteté.

Perrin & Lucette tomberent aux pieds du Voyageur ; il les releva & les embraſſa. Un Notaire qui fut mandé, écrivit cet acte, le plus beau qu'il eût rédigé de ſa vie. Perrin verſoit des larmes de tendreſſe & de joie. Mes enfans, s'écrioit-il, baiſez la main de votre bienfaiteur. Lucette, ce bien eſt à nous ; & nous pouvons en jouir ſans trouble & ſans remords.

## *Le bon Fils.*

MONSIEUR de **** allant joindre ſon Régiment, il y a dix à douze ans, s'occupa, pendant ſa route, à faire quelques Recrues dont il avoit beſoin pour completter ſa Compagnie. Il trouva pluſieurs hommes dans une petite Ville, où il demeura une ſemaine. L'avant-veille de ſon départ, il ſe préſenta encore un jeune homme de la plus haute taille, & de la figure la plus intéreſſante. Il avoit un air de candeur & d'honnêteté qui prévenoit pour lui. Monſieur de **** ne put s'empêcher, à la première vue, de ſouhaiter d'avoir cet homme dans ſa Compagnie. Il le vit trembler en demandant qu'on l'engageât. Il prit ce mouvement pour l'effet de la timidité, & peut-être de l'inquiétude que peut avoir un jeune homme qui ſent le prix de la liberté, & qui ne la vend pas ſans regrets. Il lui montra ſes ſoupçons, en tâchant de le raſſurer. Ah ! Monſieur, lui dit le jeune homme, n'attribuez pas mon déſordre à d'indignes motifs. Il ne vient que de la crainte d'être refuſé. Vous ne voudrez peut-être pas de moi, & mon malheur ſeroit affreux. Il lui échappa quelques larmes en achevant ces mots. L'Officier ne manqua pas de l'aſſurer qu'il ſeroit enchanté de le ſatisfaire, & lui demanda vîte quelles étoient ſes conditions ? Je ne vous les propoſe qu'en tremblant, répondit le jeune homme, elles vous dégoûteront peut-être : je ſuis jeune, vous voyez ma taille, j'ai de la force, je me ſens toutes les diſpoſitions néceſſaires pour ſervir, mais la circonſtance malheureuſe dans laquelle je me trouve, me force de me mettre à un prix que vous trouverez ſans doute exorbitant. Je ne puis rien en diminuer. Croyez que ſans des raiſons trop preſſantes, je ne vendrois point mon ſervice : mais la néceſſité m'impoſe une loi rigoureuſe ; je ne puis vous ſuivre, à moins de cinq cens livres, & vous me percez le cœur ſi vous me refuſez. Cinq cens livres, reprit l'Officier ? la ſomme eſt conſidérable, je l'avoue; mais vous me convenez, je vous crois de la bonne volonté, je ne marchanderai point avec vous, je vais vous compter votre argent. Signez, & tenez-vous prêt à partir après-demain avec moi.

Le jeune homme parut pénétré de la facilité de M. de **** Il ſigna gaiement ſon engagement, & reçut les cinq cens livres avec autant de reconnoiſſance que s'il les avoit eues en pur don. Il pria ſon Capitaine de lui permettre d'aller remplir un devoir ſacré, & lui promit de revenir à l'inſtant. M. de **** crut remarquer quelque choſe d'extraordinaire dans ce jeune homme. Curieux de s'éclaircir, il le ſuivit ſans affectation. Il le vit voler

voler à la priſon de la Ville, frapper avec une vivacité ſingulière à la porte, & ſe précipiter dedans auſſi-tôt qu'elle fut ouverte. Il l'entendit dire au Geolier : Voilà la ſomme pour laquelle mon pere a été arrêté, je la dépoſe entre vos mains ; conduiſez-moi vers lui, que j'aie le plaiſir de briſer ſes fers. L'Officier s'arrête un moment pour lui laiſſer le temps d'arriver ſeul auprès de ſon pere, & s'y rend enſuite après lui. Il voit ce jeune homme dans les bras d'un vieillard, qu'il couvre de ſes careſſes & de ſes larmes, à qui il apprend qu'il vient d'engager ſa liberté pour lui procurer la ſienne. Le priſonnier l'embraſſe de nouveau. L'Officier attendri s'avance. Conſolez-vous, dit-il au vieillard, je ne vous enleverai point votre fils. Je veux partager le mérite de son action. Il est libre ainsi que vous, & je ne regrette point une somme dont il a fait un si noble usage. Voilà son engagement, & je le lui remets. Le pere & le fils tombent à ses pieds; le dernier refuse la liberté qu'on lui rend. Il conjure le Capitaine de lui permettre de le suivre; son pere n'a plus besoin de lui; il ne pourroit que lui être à charge. L'Officier ne peut le refuser. Le jeune homme a servi le temps ordinaire. Il a toujours épargné sur sa paye quelques petits secours qu'il a fait passer à son pere; & lorsqu'il a eu le droit de demander son congé, il en a profité pour aller ſervir ce vieillard qu'il nourrit actuellement du travail de ſes mains.

---

## *Les malheurs de la guerre & les avantages de la paix.*

### *LE VOYAGEUR & LE BERGER.*

LE BERGER.

QUE fais-tu Voyageur ?

LE VOYAGEUR.

Je cherchois un ombrage ;
Et vois ce qu'en ces lieux j'ai trouvé ſous mes pas ;
D'une colonne éparſe en mille éclats,
Le marbre enſeveli ſous la ronce ſauvage.

LE BERGER.

C'eſt un tombeau détruit.

LE VOYAGEUR.

Tiens, dans ce lac fangeux,
Ne vois-je pas encore une urne renversée ?
Allons-y.

LE BERGER, (*retirant l'urne du bourbier.*)

La voilà.

LE VOYAGEUR, (*en la considérant avec effroi.*)

Que vois-je, justes Dieux ?
Quelle scene d'horreur sur ce vase est tracée !
Le feu dévorant les hameaux,
Les enfans écrasés sous les pieds des chevaux,
De morts & de mourans les campagnes jonchées,
Et le long des sillons, le sang, à grands ruisseaux,
Roulant les moissons arrachées.

(*Il rejette l'urne avec un mouvement d'indignation.*)

Celui de qui la tombe aime à se surcharger

De ces peintures inhumaines,
N'eſt ſûrement pas un Berger.

LE BERGER.

C'eſt un monſtre. La paix faiſoit fleurir ces plaines,
Le cruel vint les ravager.
L'homme y reſpiroit libre, il l'accabla de chaînes.
Tel qu'on voit un loup affâmé
S'élancer en hurlant ſur des troupeaux timides;
Contre un peuple ingénu, paiſible & déſarmé,
Il tournoit, à grands cris, ſes armes homicides.
Les mains teintes encor du ſang de nos aïeux,
Croyant éterniſer ſa funeſte victoire,
Lui-même il s'éleva ce monument pompeux:
Il vouloit, l'inſenſé! que nos derniers neveux
Pûſſent maudire ſa mémoire.
Et voilà cependant ſon tombeau renverſé.
Voilà dans le bourbier ſa cendre croupiſſante.

L'insecte le plus vil rampe, sans épouvante,
Le long de son glaive émoussé.
Le souvenir de ses excès impies,
Est tout ce qui survit de sa folle grandeur.
Sans qu'une voix au Ciel s'éleve en sa faveur,
Ses manes criminels sont en proie aux Furies;
Tout mort qu'il est, son nom est en horreur.
Non, quand on m'offriroit la puissance suprême,
S'il me falloit l'acheter à ce prix,
J'aime mieux vivre en paix avec moi-même,
Et n'avoir pour tout bien que deux seules brebis:
Encore aux immortels irois-je en offrir une
Pour les remercier de mon humble fortune.

LE VOYAGEUR.

Eloignons-nous, Berger. Ces objets odieux
Ont pénétré mon cœur d'une tristesse amere.

LE BERGER.

Eh bien, ſuis-moi. Si la vertu t'eſt chere,
Un plus beau monument va s'offrir à tes yeux.

LE VOYAGEUR.

Eſt-ce d'un autre Roi ?

LE BERGER.

C'eſt celui de mon pere.
( Il le conduit alors, par de rians ſentiers,
Vers une paiſible chaumiere
Que protégeoient de grands arbres fruitiers. )

LE VOYAGEUR.

Les beaux lieux, mon ami ! mais vois, la nuit s'avance,
Il ne me reſte qu'un moment,
Hâtons-nous vers le monument.

LE BERGER.

Jette les yeux ſur cette plaine immenſe.
Vois tu ces vignobles féconds ?

Les troupeaux difperfés fur ces gras pâturages ?
Vois-tu ces bords couverts de fertiles moiffons ?
Et ces jardins, & ces bocages ?
Voilà le monument que mon pere a laiffé.
Nos champs, ravagés par la guerre,
N'offroient qu'un fol défert de ronces hériffé :
Il vint, & l'abondance enrichit cette terre.
Trop fage pour chercher de frivoles honneurs,
Il creufa fon tombeau fous cette informe pierre ;
Mais tous les jours nous la couvrons de fleurs.
Des Dieux, par fes bienfaits, il fut l'augufte image ;
Il recevra, comme eux, notre éternel hommage,
Et fes Autels font dans nos cœurs.

## *Histoire d'un Peuple malheureux par le crime, & heureux par la vertu.*

Il y avoit en Arabie un petit Peuple appellé Troglodite. Il descendoit de ces anciens Troglodites, qui, si nous en croyons les Historiens, ressembloient plutôt à des bêtes qu'à des hommes. Ceux-ci n'étoient point si contrefaits, ils n'étoient point velus comme des ours, ils ne siffloient point; mais ils étoient si méchans & si féroces, qu'il n'y avoit parmi eux aucun principe d'équité ni de justice.

Ils avoient un Roi d'une origine étrangere, qui, voulant corriger la méchanceté de leur naturel, les traitoit séverement; mais ils conjurerent contre lui, le tuerent, & exterminerent toute la Famille Royale.

Le coup étant fait, ils s'assemblerent pour choisir un Gouvernement; & après bien des dissentions, ils créerent des Magistrats. Mais à peine les eurent-ils élus, qu'ils leur devinrent insupportables; & ils les massacrerent encore.

Ce Peuple, libre de ce nouveau joug, ne consulta plus que son naturel sauvage. Tous les particuliers convinrent qu'ils n'obéiroient plus à personne; que chacun veilleroit uniquement à ses intérêts, sans consulter ceux des autres.

Cette résolution unanime flattoit extrêmement tous les particuliers.

Ils disoient : Qu'ai-je affaire d'aller me tuer à travailler pour des gens dont je ne me soucie point ? Je penserai uniquement à moi, je vivrai heureux ; que m'importe que les autres le soient ? Je me procurerai tous mes besoins, & pourvu que je les aie, je ne me soucie point que tous les autres Troglodites soient misérables.

On étoit dans le mois où l'on ensemence les terres. Chacun dit : Je ne labourerai mon champ que pour qu'il me fournisse le bled qu'il me faut pour me nourrir ; une plus grande quantité me seroit inutile ; je ne prendrai point de la peine pour rien.

Les terres de ce petit Royaume n'étoient pas de même nature : il y en avoit d'arides & de montagneuſes ; & d'autres, qui, dans un terrein bas, étoient arroſées de pluſieurs ruïſſeaux. Cette année, la ſéchereſſe fut très-grande, de maniere que les terres qui étoient dans des lieux élevés, manquerent abſolument ; tandis que celles qui purent être arroſées, furent très-fertiles. Ainſi, les Peuples des montagnes périrent preſque tous de faim, par la dureté des autres qui leur refuſerent de partager la récolte.

L'année d'enſuite fut très-pluvieuſe. Les lieux élevés ſe trouverent d'une fertilité extraordinaire, & les terres baſſes furent ſubmergées. La moitié du Peuple cria une ſeconde fois famine ; mais ces miſérables

ſérables trouverent des gens auſſi durs qu'ils l'avoient été eux-mêmes.

Un des principaux Habitans avoit une femme fort belle. Son voiſin en devint amoureux, & l'enleva. Il s'émut une grande querelle, & après bien des injures & des coups, ils convinrent de s'en remettre à la déciſion d'un Troglodite, qui, pendant que la République ſubſiſtoit, avoit eu quelque crédit. Ils allerent à lui, & voulurent lui dire leurs raiſons. Que m'importe, dit cet homme, que cette femme ſoit à vous, ou à vous? J'ai mon champ à labourer; je n'irai peut-être pas employer mon temps à terminer vos différens, & à travailler à vos affaires, tandis que je négligerai les miennes. Je vous prie de me laiſſer en repos, & de ne plus m'importuner de vos querelles. Là-deſſus il les quitta, & s'en alla travailler ſa terre. Le raviſſeur, qui étoit le plus fort, jura qu'il mourroit plutôt que de rendre cette femme; & l'autre pénétré de l'injuſtice de ſon voiſin, & de la dureté du Juge, s'en retournoit déſeſpéré, lorſqu'il trouva dans ſon chemin une femme jeune & belle, qui revenoit de la fontaine. Il n'avoit plus de femme, celle-là lui plut; & elle lui plut bien davantage, lorſqu'il apprit que c'étoit la femme de celui qu'il avoit voulu prendre pour Juge, & qui avoit été ſi peu ſenſible à ſon malheur. Il l'enleva & l'emmena dans ſa maiſon.

Il y avoit un homme qui possédoit un champ assez fertile, qu'il cultivoit avec grand soin. Deux de ses voisins s'unirent ensemble, le chasserent de sa maison, & occuperent son champ. Ils firent entre eux une union pour se défendre contre tous ceux qui voudroient l'usurper; & effectivement ils se soutinrent par-là pendant plusieurs mois. Mais un des deux, ennuyé de partager ce qu'il pouvoit avoir tout seul, tua l'autre, & devint seul maître du champ. Son empire ne fut pas long. Deux autres Troglodites vinrent l'attaquer; il se trouva trop foible pour se défendre, & il fut massacré.

Un Troglodite, presque tout nud, vit de la laine qui étoit à vendre. Il en demanda le prix. Le Marchand dit en lui-même : Naturellement je ne devrois espérer de ma laine qu'autant d'argent qu'il en faut pour acheter deux mesures de bled ; mais je la vais vendre quatre fois davantage, afin d'avoir huit mesures. Il fallut en passer par-là, & payer le prix demandé. Je suis bien aise, dit le Marchand, j'aurai du bled à présent. Que dites-vous, reprit l'acheteur ? Vous avez besoin de bled ? J'en ai à vendre. Il n'y a que le prix qui vous étonnera peut-être ; car vous saurez que le bled est extrêmement cher, & que la famine regne presque par-tout ; mais rendez-moi mon argent, & je vous donnerai une mesure de bled ; car je ne veux pas m'en défaire autrement, dûssiez-vous crever de faim.

Cependant une maladie cruelle ravageoit la contrée. Un Médecin habile y arriva du pays voisin, & donna ses remedes si à propos, qu'il guérit tous ceux qui se mirent dans ses mains. Quand la maladie eut cessé, il alla chez tous ceux qu'il avoit traités, demander son salaire; mais il ne trouva que des refus. Il retourna dans son pays, & il y arriva accablé des fatigues d'un si long voyage. Mais bientôt après, il apprit que la même maladie se faisoit sentir de nouveau, & affligeoit plus que jamais cette terre ingrate. Ils allerent à lui cette fois, & n'attendirent pas qu'il vînt chez eux. « Allez, leur dit-il, hommes injuſtes, vous avez dans l'ame un poiſon plus mortel que celui dont vous voulez guérir; vous ne méritez pas d'occuper une place ſur la terre, parce que vous n'avez point d'humanité, & que les règles de l'équité vous ſont inconnues. Je croirois offenſer les Dieux qui vous puniſſent, ſi je m'oppoſois à la juſtice de leur colere «. L'épidémie fut ſi violente, qu'il n'y eut que deux familles qui échappèrent au malheur de la Nation.

Il étoit reſté dans ces deux familles, deux hommes bien ſinguliers. Ils avoient de l'humanité, ils connoiſſoient la juſtice, ils aimoient la vertu. Autant liés par la droiture de leur cœur, que par la corruption de celui des autres, ils voyoient la désolation générale, & ne la reſſentoient que par la pitié. C'étoit le motif d'une union nouvelle. Ils travailloient, avec une ſollicitude commune, pour l'intérêt commun. Ils n'avoient de différens que ceux qu'une douce & tendre amitié faiſoit naître, & dans l'endroit du pays le plus écarté, ſéparés de leurs Compatriotes indignes de leur préſence, ils menoient une vie heureuſe & tranquille. La terre ſembloit produire d'elle-même, cultivée par ces vertueuſes mains.

Ils aimoient leurs femmes, & ils en étoient tendrement chéris. Toute leur attention étoit d'élever leurs enfans à la vertu. Ils leur repréſentoient ſans ceſſe les malheurs de leurs Compatriotes, & leur mettoient devant les yeux cet exemple ſi triſte. Ils leur faiſoient ſur-tout ſentir que l'intérêt des particuliers ſe trouve toujours dans l'intérêt commun; que vouloir s'en ſéparer, c'eſt vouloir ſe perdre; que la vertu n'eſt point une choſe qui doive nous coûter ; qu'il ne faut point la regarder comme un exercice pénible; & que la juſtice pour autrui eſt une charité pour nous.

Ils eurent bientôt la conſolation des peres vertueux, qui eſt d'avoir des enfans qui leur reſſemblent. Le jeune peuple qui s'éleva ſous leurs yeux, s'accrut par d'heureux mariages. Le nombre augmenta, l'union fut toujours la même; & la vertu, bien loin de s'affoiblir dans la multitude, fut fortifiée au contraire par un plus grand nombre d'exemples.

Qui pourroit repréſenter ici le bonheur de ces Troglodites ? Un peuple ſi juſte devoit être chéri des Dieux. Dès qu'il ouvrit les yeux pour les connoître, il apprit à les craindre ; & la Religion vint adoucir dans les mœurs ce que la nature y avoit laiſſé de trop rude.

Ils inſtituerent des Fêtes en l'honneur des Dieux. Les jeunes filles ornées de fleurs, & les jeunes garçons, les célébroient par leurs danſes, & par les accords d'une muſique champêtre. On faiſoit enſuite des feſtins où la joie ne régnoit pas moins que la frugalité. C'étoit dans ces aſſemblées que parloit la nature naïve ; c'étoit là qu'on apprenoit à donner le cœur & à le recevoir ; c'étoit-là que les tendres meres se plaisoient à prévoir de loin pour leurs filles, une union douce & fidelle.

On alloit au Temple pour demander les faveurs des Dieux. Ce n'étoit pas les richesses & une onéreuse abondance. De pareils souhaits étoient indignes des heureux Troglodites ; ils ne savoient les desirer que pour leurs Compatriotes. Ils n'étoient aux pieds des Autels que pour demander la santé de leurs peres, l'union de leurs freres, la tendresse de leurs femmes, l'amour & l'obéissance de leurs enfans. Les filles y venoient apporter le tendre sacrifice de leur cœur, & ne demandoient d'autre grace, que celle de pouvoir rendre un Troglodite heureux.

Le ſoir, lorſque les troupeaux quittoient les prairies, & que les bœufs fatigués avoient ramené la charrue, ils s'aſſembloient; & dans un repas frugal, ils chantoient les injuſtices des premiers Troglodites, leurs malheurs, la vertu renaiſſante avec un nouveau peuple, & ſa félicité. Ils célébroient les grandeurs des Dieux, leurs faveurs toujours préſentes aux hommes qui les implorent, & leur colere inévitable à ceux qui ne les craignent pas. Ils décrivoient enſuite les délices de la vie champêtre, & le bonheur d'une condition toujours parée de l'innocence. Bientôt ils s'abandonnoient à un ſommeil que les ſoins & les chagrins n'interrompoient jamais.

La nature ne fourniſſoit pas moins à leurs deſirs qu'à leurs beſoins. Dans ce pays heureux, la cupidité étoit étrangere. Ils ſe faiſoient des préſens, où celui qui donnoit croyoit toujours avoir l'avantage. Le peuple Troglodire ſe regardoit comme une ſeule famille. Les troupeaux étoient preſque toujours confondus. La ſeule peine qu'on s'épargnoit ordinairement, c'étoit de les partager.

Un d'eux diſoit un jour : Mon pere doit demain labourer ſon champ ; je me leverai deux heures avant lui, & quand il ira à ſon champ, il le trouvera tout labouré.

Un autre diſoit en lui-même : Il me ſemble que ma ſœur a du goût pour ce jeune Troglodire ;

il faut que je parle à mon pere, & que je le détermine à faire ce mariage.

On vint dire à un autre que des Voleurs avoient enlevé son troupeau: J'en suis fâché, dit-il, car il y avoit une génisse toute blanche que je voulois offrir aux Dieux.

On entendoit dire à un autre: Il faut que j'aille au Temple remercier les Dieux; car mon frere, que mon pere aime tant, & que je chéris si fort, a recouvré la santé.

Ou bien: Il y a un champ qui touche à celui de mon pere, & ceux qui le cultivent sont tous les jours exposés aux ardeurs du soleil. Il faut que j'aille y planter deux arbres, afin que ces pauvres gens puiſſent aller quelquefois ſe repoſer ſous leur ombre.

Un jour que pluſieurs Troglodites étoient aſſemblés, un vieillard parla d'un jeune homme qu'il ſoupçonnoit d'avoir commis une mauvaiſe action, & lui en fit des reproches. Nous ne croyons pas qu'il ait commis ce crime, dirent les jeunes Troglodites; mais, s'il l'a fait, puiſſe-t-il mourir le dernier de ſa famille!

On vint dire à un Troglodite, que des Etrangers avoient pillé ſa maiſon, & avoient tout emporté. S'ils n'étoient pas injuſtes, répondit-il, je ſouhaiterois que les Dieux leur en donnaſſent un plus long uſage qu'à moi.

Tant de prospérités ne furent pas regardées sans envie. Les Peuples voisins s'assemblerent ; &, sous un vain prétexte, ils résolurent d'enlever leurs troupeaux. Dès que cette résolution fut connue, les Troglodites envoyerent au-devant d'eux des Ambassadeurs qui leur parlerent ainsi :

Que vous ont fait les Troglodites ? Ont-ils enlevé vos femmes, dérobé vos bestiaux, ravagé vos campagnes ? Non. Nous sommes justes, & nous craignons les Dieux. Que demandez-vous donc de nous ? Voulez-vous de la laine pour vous faire des habits ? Voulez-vous du lait de nos troupeaux, ou des fruits de nos terres ? Mettez bas les armes, venez au milieu de nous &

nous vous donnerons de tout cela. Mais nous jurons, par ce qu'il y a de plus ſacré, que, ſi vous entrez dans nos terres comme ennemis, nous vous regarderons comme un Peuple injuſte, & que nous vous traiterons comme des bêtes farouches.

Ces paroles furent renvoyées avec mépris; ces Peuples ſauvages entrerent armés dans la terre des Troglodites, qu'ils ne croyoient défendus que par leur innocence. Mais ils étoient bien diſpoſés à la défenſe. Ils avoient mis leurs femmes & leurs enfans au milieu d'eux. Ils furent étonnés de l'injuſtice de leurs ennemis, & non pas de leur nombre. Une ardeur nouvelle s'étoit emparée de leur cœur. L'un vouloit mourir pour ſon pere, & un autre pour ſa femme & ſes enfans; celui-ci pour ſes freres, celui-là pour ſes amis; tous pour le Peuple Troglodite. La place de celui qui expiroit étoit d'abord priſe par un autre, qui, outre la cauſe commune, avoit encore une mort particuliere à venger.

Tel fut le combat de l'injuſtice & de la vertu. Ces Peuples lâches, qui ne cherchoient que le butin, n'eurent pas honte de fuir, & cédant à la vertu des Troglodites, ils les laiſſerent dès-lors jouir en paix de leur bonheur.

*Heureux le père d'un ſi bon fils !*

MYRTILE ayant ramené des champs ſon troupeau, étoit allé, un ſoir, ſe promener dans la prairie voiſine. Le calme profond des campagnes éclairées par la douce lumiere de la lune, le ſouffle d'un vent frais, & les tendres accens du roſſignol, le retinrent longtemps plongé dans une rêverie délicieuſe. Il revint enfin vers ſa cabane; & comme il paſſoit ſous un berceau de pampres verds qui en décore l'entrée, il trouva ſon pere qui ſommeilloit paiſiblement au clair de la lune. Le vieillard étoit couché ſur le gazon, tenant ſa tête blanchiſſante appuyée ſur une de ſes mains. Myrtile s'arrêta devant lui, les bras croiſés contre ſa poitrine. Sa vue reſtoit conſtamment attachée ſur ſon pere. Seulement il regardoit de temps en temps le Ciel à travers le feuillage, & des larmes de joie couloient de ſes yeux.

O mon pere, dit-il, toi que j'honore le plus après les Dieux, comme tu repoſes doucement ! Que le ſommeil du juſte eſt tranquille ! Tu as ſans doute porté tes pas chancelans hors de ta cabane pour célébrer le ſoir par de ſaints cantiques, & le ſommeil t'aura ſurpris après ta priere. Tu auras auſſi prié pour moi. Ah que je ſuis heureux ! Les Dieux t'écoutent d'une oreille favorable; car, autrement, pourquoi notre cabane ſeroit-elle ombragée par des arbres courbés ſous le poids de leurs fruits ? Pourquoi la bénédiction du Ciel ſeroit-elle ſur nos troupeaux & ſur les productions de nos champs ? Lorſque ſatisfait de mes foibles ſoins pour le repos de ta vieilleſſe, tu verſes des larmes de joie, lorſque tournant tes regards vers le Ciel, tu me donnes ta bénédiction d'un air content, de quels doux ſentimens je ſuis pénétré ! Encore aujourd'hui, quittant mes bras, pour aller te ranimer à la chaleur du ſoleil : Mon fils, diſois-tu, que le Ciel, pour te récompenſer, te faſſe vivre à jamais heureux dans ces campagnes chéries ! Mes regards affoiblis n'ont pas encore long-temps à les parcourir. Bientôt je les quitterai pour d'autres campagnes plus heureuſes...... Ah mon pere ! Ah mon meilleur ami ! Je vais donc bientôt te perdre.... Il ſe tut un moment, & regarda le bon vieillard avec des yeux mouillés de larmes. Mais non, reprit-il, ta vieilleſſe eſt encore robuſte. Les Dieux te laiſſeront encore ſur la terre pour faire le bien, pour m'apprendre à le faire, quand tu ne ſeras plus. Il dit, & craignant pour lui les vents frais du ſoir, & la roſée humide, il lui baiſe le front pour l'éveiller doucement, & le conduit dans ſa cabane, pour lui procurer un ſommeil plus commode.

❧

# LA SAIGNÉE,

## PROVERBE DRAMATIQUE.

PERSONNAGES.

M. DORMEL.
Madame DORMEL.
DORMEL l'aîné, fils, âgé de 20 ans.
SOPHIE, fille de M. Dormel, âgée de 18 ans.
DORMEL le cadet, âgé de 6 ans.
Le Comte DE SAINT-BON.
Un Laquais du Comte, Personnage muet.

*La Scene est à Paris, dans la maison de M. Dormel.*

*Le Théâtre représente une Chambre des plus délabrées. On y voit quel-*

*ques vieux meubles usés, un chevalet dressé, sur lequel est un tableau commencé, une table à écrire, &c. Dans le fond est une couchette sur laquelle est un enfant endormi ; elle est couverte d'une mauvaise tapisserie.*

---

## SCENE PREMIERE.

Madame DORMEL, SOPHIE, DORMEL, le cadet.

*Madame Dormel file au grand rouet sur le devant du Théâtre. Son fils est à côté d'elle, & carde du coton. La lassitude le force d'interrompre son travail, qu'il reprend ensuite avec vivacité. Sa mere jette sur lui par intervalles des regards de pitié.*

*Sophie tricotte auprès de la couchette où est son plus jeune frere. Elle est placée vis-à-vis de la porte qu'elle regarde aussi de temps en temps d'un air inquiet & rêveur.*

*Il est environ trois heures après midi.*

*Sophie leve un peu la tapisserie qui couvre la couchette.*

( *Apart* ). Etre à jeun depuis hier sept heures, & dormir d'un sommeil si tranquille ! Qu'il est heureux !

Madame DORMEL. Dort-il, Sophie ?

SOPHIE. Oui, ma mere.

Madame DORMEL. Puisse-t-il dormir encore long-temps, le pauvre malheureux !

malheureux ! Que je crains son réveil ! Où est allé votre pere ?

Sophie. Il a dit qu'il alloit demander quelque à-compte sur les dessus de porte qu'il a entrepris.

Madame Dormel. Quoi, il n'est pas de retour, depuis neuf heures qu'il est parti ! Que deviendrons-nous si sa course est inutile ?

Sophie. Cela n'est pas à craindre. Qui est-ce qui pourroit être insensible à notre infortune ?

Madame Dormel. Ah, ma pauvre Sophie, que tu connois peu les hommes ! Qu'est-ce sur la terre qu'un Artisan malheureux, qu'un homme du petit peuple ?

Sophie. Mais enfin, c'est son

bien qu'il va demander, c'eſt le prix de ſon travail.

Madame Dormel. Cela eſt vrai, ma fille ; mais ſes travaux ne ſont pas entierement finis, & il faut qu'ils le ſoient pour qu'il puiſſe en exiger le paiement.

Sophie. L'ouvrage eſt au moins bien avancé, & celui à qui il a affaire eſt ſi riche !

Madame Dormel. Si riche ! Eh ! les plus riches ſont les plus impitoyables. L'homme pour lequel il travaille, eſt un homme de rien, que j'ai vu dans la derniere indigence. Il étoit alors notre égal, & l'ami de votre pere. Il a voulu l'aſſocier à ſon commerce........ Mais, Dieux, quel commerce !

Combien la pauvreté, toute affreuſe qu'elle eſt, lui eſt préférable ! Votre pere a refuſé ; pouvoit-il faire autrement ? Il eſt reſté pauvre, l'autre a fait fortune ; mais ſon cœur s'eſt endurci. Votre pere a perdu ſon ami, il en a été méconnu. C'eſt par une grace ſinguliere qu'il veut bien, depuis quelque temps, lui donner de l'emploi, acheter au prix le plus modique, le fruit de ſes ſueurs & de ſes veilles.

Sophie. Cela eſt-il poſſible ? Etre riche, & ſans pitié pour les pauvres, encore après avoir éprouvé toutes les horreurs du beſoin ! Pour moi, je vous avouerai qu'il ne m'eſt pas poſſible de le comprendre.

Madame DORMEL. Tant mieux, ma fille, toutes tes penſées ſont honnêtes & généreuſes. Puiſſes-tu ne jamais changer !

( *Il ſe fait un inſtant de ſilence après lequel on entend ſonner 3 heures* ).

Le petit DORMEL, *interrompant ſon ouvrage*. Maman, voilà trois heures qui ſonnent, eſt-ce que nous ne dînons pas aujourd'hui ?

Madame DORMEL. *ſéverement*. Dormel, qu'eſt-ce que cela veut dire ? Votre pere & votre frere ſont ſortis ; eſt ce que vous voudriez dîner ſans eux ?

Le petit DORMEL. Oh, non, maman : mais ils ont peut-être dîné, nous ne ſavons pas où ils ont été ; enfin........

Madame DORMEL. Eh bien, dans cette incertitude, dîneriez-vous tranquillement ?

Le petit DORMEL. Oh non, maman.... Mais c'eſt qu'il eſt bien tard... & il ſe pourroit bien que...

Madame DORMEL. Taiſez-vous. Ils ſont à jeun auſſi bien que vous. D'ailleurs, ne voyez-vous pas que j'attends, moi ? Votre ſœur en fait autant, & votre petit frere...... N'êtes-vous pas plus en état de ſupporter le beſoin que lui ? Il ne ſe plaint pas cependant.

Le petit DORMEL. Oui, maman ; ... mais c'eſt que ... j'ai bien faim. (*il dit ces dernieres paroles en pleurant de toutes ſes forces*).

Madame DORMEL, *en allant à*

*lui les larmes aux yeux.* Mon enfant, mon cher enfant, tranquillise-toi... allons... quelques efforts. Ton pere va rentrer. Il nous apportera de quoi dîner ; crois que je souffre autant que toi de ta peine.

Le petit DORMEL, *l'embrasse en essuyant ses larmes.* Oh non, maman, ne souffrez pas, je vous en prie ; car je souffrirois bien davantage, moi : tenez, je ne pleure plus, voilà qui est fini. Est-ce que je ne peux pas me passer de dîner aussi bien que vous ? Que je me veux de mal d'avoir pleuré ! Mais c'est malgré moi..... Je m'en vais travailler si fort, qu'il faudra bien que j'oublie que j'ai faim. ( *Il se remet à son ouvrage, & travaille avec plus d'ardeur* ).

Madame Dormel, *reprenant son ouvrage.* Mon malheur eſt-il aſſez grand ? Ah Ciel ! Comment le ſupporter ?

Sophie. Mon pere ne vient point. S'il lui étoit arrivé quelque malheur !

Madame Dormel. Je devine celui qui lui eſt arrivé. On l'aura refuſé, & il ne peut ſe déterminer à paroître ici les mains vuides... Mais c'eſt votre frere, c'eſt Dormel qui me ſurprend. A quelle heure eſt-il ſorti ?

Sophie. Dès la pointe du jour.

Madame Dormel. Qui l'auroit cru ? Lui en qui j'avois toujours reconnu des ſentimens ſi dignes de ſon éducation, nous abandonner en de pareilles circonſtances, lorſque nous avons le plus beſoin de ſon ſecours! Je ne m'y ſerois jamais attendue.

Sophie. Que cela ne vous attriſte pas, ma mere; c'eſt ſûrement pour un bon deſſein qu'il eſt ſorti. Je connois l'excellence de ſon cœur. Je ſais combien il eſt pénétré de notre triſte ſituation. Il eſt allé y chercher du remede & ſeconder les efforts de mon pere.

Madame Dormel. Que fera-t-il ſans appui, ſans ſecours, ſans connoiſſances?

Sophie. Nos beſoins le rendront induſtrieux. Il paroiſſoit au déſeſpoir.

Madame Dormel. Que dis tu?

Ah ! Sophie, ah ma chere fille ! S'il alloit se déshonorer, c'est ce coup-là qui me feroit mortel. On supporte tous les maux..... Mais l'infamie.....

Sophie. Ne craignez rien, je connois mon frere.

Madame Dormel. Ton pere n'aura pu réussir. Il va revenir accablé de douleur, de fatigue & de faim.

Sophie. Je souffre plus pour lui que pour moi.

Madame Dormel. Mes chers enfans, l'état de votre pere me perce l'ame. Il faut avoir recours au dernier des moyens, à celui qui déchire un cœur sensible; il faut que Dormel me prête ici ſon ſecours.

Le petit DORMEL. Moi, maman ? Commandez, je ſuis prêt à tout faire.

Madame DORMEL. C'eſt bien ; mon fils, embraſſez-moi... Dormel, mon cher fils... Dure néceſſité ! à quoi me réduis-tu ?... Il faut que tu ailles implorer l'aſſiſtance des hommes, que tu leur arraches, par tes inſtances & par tes larmes, quelque légere portion de leur ſuperflu..... Tu trouveras des méchans qui ne croient pas qu'il ſoit poſſible d'être pauvre & eſtimable, qui repouſſent impitoyablement les malheureux ; mais peut-être auſſi rencontreras-tu quelque homme vraiment digne de ce nom, qui voudra bien jetter ſur nous un regard de commiſération, & nous retirer, au moins pour un temps, de l'état affreux où nous ſommes.

Le petit DORMEL, *après l'avoir écoutée avec la plus grande attention.* Maman, n'eſt-ce pas ce qu'on appelle demander l'aumône ?

Madame DORMEL. Ah Ciel ! (*haut*). Oui, mon fils.

Le petit DORMEL. Cela me fera bien de la peine de demander l'aumône. Faudra-t-il demander à tout le monde ?

Madame DORMEL. Oui, mon fils, à tous le monde, à tous ceux que tu verras en état de t'aſſiſter.

Le petit Dormel. C'eſt qu'il y en a qui ſont ſi durs & ſi rebutans, qui traitent ſi mal les pauvres ! Je voudrois bien ne leur point demander à ceux-là.

Madame Dormel. Que veux-tu, mon fils ? Il n'eſt pas poſſible de les diſtinguer. Demande avec inſtance, les cœurs ne s'émeuvent guere à la premiere ſecouſſe, ſans te rendre cependant importun. Sois humble ſans avoir l'air bas & rampant.

Le petit Dormel, *triſtement.* Allons donc, embraſſez-moi, maman.

Madame Dormel *l'embraſſant.* Va, mon fils ; ſi la vie de ton pere & celle de tes freres & ſœurs n'y étoit étoient pas attachées, je n'exigerois pas un pareil ſacrifice. ( *Le petit Dormel ſort en pleurant* ).

---

## SCENE II.

Madame DORMEL, SOPHIE.

SOPHIE *le regardant ſortir, les larmes aux yeux.* Le pauvre enfant! Non, il n'eſt perſonne que ſa figure ne touche, que ſes larmes n'attendriſſent. Cette humiliation lui coûte beaucoup.

---

## SCENE III.

Madame DORMEL & SOPHIE *reſtent long-temps en ſilence.* Monſieur DORMEL.

M. DORMEL *entre d'un air ſombre, il eſt pâle & défait. Ses habits an-*

*noncent la plus grande misere.* Ah ma femme ! Ah ma fille ! il nous faut mourir. ( *Il s'assied & regarde de tous côtés d'un air égaré.* ) Où est donc mon cadet ? Dormel est-il de retour ?

Madame DORMEL. Mon cher mari, j'en avois un secret pressentiment. Tu n'as rien obtenu.

M. DORMEL, *avec fureur.* Tout accès à la pitié est fermé dans le cœur des hommes ... Un misérable que j'ai bien voulu honorer de mon amitié dans des temps plus heureux ..... J'étois à mon aise alors ; il étoit pauvre & homme de bien... En changeant de mœurs, il a fait fortune..... Que la terre l'engloutisse ! Le scélérat ! il me vole lâchement le fruit de mes travaux, il nous porte à tous le coup de la mort.

Madame DORMEL. Comment! il ne veut pas vous payer ?

M. DORMEL. Le monſtre! il invoque à ſon ſecours la lettre de la Loi pour m'aſſaſſiner... Achevez votre ouvrage, je vous payerai; juſques-là je ne dois rien : voilà ſon unique réponſe. En vain lui ai-je repréſenté l'excès de ma miſere, qu'il ne m'étoit pas poſſible de travailler ſans me nourrir, que je me contenterois de la moitié du prix de l'ouvrage, que je regarderois ce ſecours, s'il le jugeoit à propos, comme un don; il a été ſourd à toutes mes prieres. Je ne dois rien, m'a-t-il reparti durement, & je n'ai point d'aumône à vous faire.... J'insistois. Qu'on me débarrasse de cet importun, a-t-il dit à ses gens; & sur le champ on me porte dans la rue à demi-mort d'épuisement & d'indignation.

Madame DORMEL. Remettez-vous, mon cher ami; n'aigrissez point nos maux en vous appesantissant sur les vôtres. J'ai envoyé votre cadet par la Ville; peut-être sera-t-il assez heureux pour nous trouver quelque secours.

M. DORMEL. N'espere rien, ma chere. Ah des hommes, des hommes! Non, il n'en est plus, il n'est que des bêtes féroces. Ton état a-t-il pu me permettre d'oublier ce moyen ? Il eſt vrai que je l'ai rejetté long-temps. La honte, te l'avouerai-je, l'amour-propre, l'orgueil... ces différentes paſſions ont long-temps combattu dans mon cœur ; ma tendreſſe pour toi, pour ces chers enfans, l'a enfin emporté. Je me ſuis adreſſé au premier paſſant. Je l'aborde les larmes aux yeux, la phyſionomie renverſée : J'ai une femme & quatre enfans qui ſont dans le beſoin le plus preſſant, lui ai-je dit d'une voix baſſe & d'un ton mal articulé. Travaillez, me répond bruſquement cet homme, vous le pouvez encore ; il n'eſt point de métier qui ne ſoit plus honnête que celui que vous faites. En même-temps il tire de ſa poche une bourſe des mieux fournies, y cherche la plus petite des monnoies & me la met dans la main. J'étois immobile de dépit. Je voulois parler, mais ma langue étoit glacée, & il étoit déjà bien loin, lorſque j'en ai recouvré l'uſage.

SOPHIE. Un homme riche inſulter la miſére, & ne la pas ſecourir! A qui donc s'adreſſer?

M. DORMEL. A perſonne, ma fille. Quand on eſt auſſi malheureux que nous le ſommes, il faut ſavoir mourir..... Mais Dormel m'étonne, il n'a pas accoutumé de s'abſenter ſi long-temps, ni de ſortir ſi matin.

Madame DORMEL. C'eſt ce que je diſois à l'inſtant. Je ne puis croire qu'il ait eu dessein de nous abandonner.

M. Dormel. Je ne le crois pas non plus. Mais devoit-il sortir dans une circonstance aussi fâcheuse lorsque son secours nous est si nécessaire ? Ne sait-il pas que la plus légere interruption de son travail nous fait un tort irréparable ? Non, il ne s'excusera jamais.

Sophie. J'entends quelqu'un, c'est sûrement lui. ( *Elle va à la porte* ).

M. Dormel. Qu'il ne paroisse pas devant mes yeux..

## SCENE IV.

M. DORMEL, Madame DORMEL, SOPHIE, DORMEL, l'aîné. *Il a l'air foible & abattu, ses bras sont entourés de linges, il porte deux pains & une bouteille de vin.*

DORMEL, l'aîné, *jettant les pains sur la table, & mettant la bouteille à terre.* Tenez, mangez; ils me coûtent bien cher! Je n'en puis plus. *Il se laisse aller sur un vieux coffre.*

M. DORMEL. Qu'est-ce à dire? Seroit-ce le fruit d'un crime! Ah malheureux!

DORMEL, l'aîné. Mangez, vous dis-je, je suis digne de vous.

M. Dormel. Mais encore, que signifie l'état où vous voilà ?

Madame Dormel. Des bandages, des linges, du sang ! Vous seriez-vous battu ?

Sophie. Ah ma mere ! Il s'est fait saigner. Tenez, voilà une ligature défaite. Le sang coule de son bras.

Dormel, fils. Mon pere !.... Ma mere ! Ma sœur ! C'étoit pour vous donner du pain.

M. & Madame Dormel., *ensemble*. Ah, mon fils !

Sophie. Ah, mon frere !

*( Ils s'approchent de Dormel & l'embrassent étroitement. Sophie resserre sa ligature. )*

## SCENE DERNIERE.

M. & Madame DORMEL, SOPHIE, DORMEL, l'aîné, le Comte DE SAINT-BON, DORMEL, le cadet, un Domeſtique du Comte *portant quelques proviſions.*

Le Comte DE SAINT-BON. Où ſont-ils ces pauvres malheureux ? Comment ont-ils pu ſe cacher ſi long-tems à mes yeux ?

DORMEL, le cadet. Les voilà, Monſieur, ... c'eſt mon pere. .... c'eſt ma mere. .... Ils meurent de faim.

Madame DORMEL, *au Comte.* Hélas, Monſieur, que votre généroſité eſt touchante ! Nous en ſentons tout le prix : mais comment en pourrions-nous jouir, tandis que ce cher enfant, le mortel le plus respectable ... est près d'expirer ?... Ah ! si vous saviez...

Le petit DORMEL. Mon cher frere, comme vous voilà ! *Il court à son frere.*

Le Comte, *à Dormel, l'aîné.* Comment ! vous auroit-on maltraité ?

DORMEL, fils, *d'une voix foible & interrompue.* Non, Monsieur, je n'ai pu supporter l'état où se trouve réduite ma malheureuse famille. Je suis sorti ce matin, le désespoir dans l'ame, déterminé à leur trouver du secours, ou à mourir. Je rencontre un de mes amis aussi pauvre, auſſi malheureux que moi. Mon air déſeſpéré l'effraie. Où vas-tu, me dit-il, que t'eſt-il arrivé? — Ah mon cher! Ils n'ont pas mangé depuis hier au ſoir... Mon pere... ma mere.... Je ne ſais où je vais... où je ſuis..... Ils vont mourir. Tiens, mon ami, me dit cet homme vertueux, en me donnant une piece de deux ſols, voilà tout ce que je poſſéde. Si tu voulois gagner de l'argent, je ſais un moyen. — Ah! dis, je ferai tout; il eſt honnête ſans doute. Eh bien, me dit ce généreux ami, il y a un particulier qui demeure auprès de l'Ecole de Chirurgie; il apprend à ſaigner, & il donne de l'argent à ceux qui.... J'entends, ai-je interrompu. Je le quitte à l'inſtant, je vole chez ce particulier. Il me ſaigne & me donne de l'argent. Je vais chez un autre, on m'en fait autant. Je viens avec ces pains, & je me meurs. Heureux ſi ma mort retarde de quelques inſtans celle des infortunés à qui je dois le jour.

LE COMTE. Ah, mon ami, vous êtes un prodige de vertu ! Mais vous avez un frere qui ſe montre votre digne émule...... Ce petit malheureux (*en montrant le petit Dormel*) eſt tombé en défaillance à ma porte; je l'ai fait tranſporter chez moi. Quelques gouttes de liqueur lui ont fait reprendre ſes ſens. Il meurt d'inanition, dit un Médecin qui étoit alors à la maiſon, & ſur le champ je lui fais préſenter quelque nourriture. Il la refuse constamment. — C'est mon pere... c'est ma mere qu'il faut secourir. Pourrois je manger tandis qu'ils meurent de faim ?

M. DORMEL, *attendri*. Ah, mes enfans, vous méritiez un meilleur sort !

LE COMTE. Que leur sort ne vous inquiete plus, j'en fais actuellement mon affaire. Je bénirai chaque jour l'heureux instant où j'ai pu secourir des malheureux aussi peu faits pour l'être. Votre fils n'est heureusement qu'affoibli. A son âge, fort comme il le paroît, il se tirera aisément d'affaire. ) *Il jette une bourse sur la table* ). Voilà pour aider à sa guérison & à votre subsistance pendant quelques jours. Dans peu vous aurez de mes nouvelles. Je vais de ce pas ... *retenant M. Dormel, & sa famille qui veulent se jetter à ses pieds.* Point de remercimens, mes chers enfans ; ce que je fais m'est bien doux. J'en ai déjà reçu la récompense au fond de mon cœur. (*A Monsieur & à Madame Dormel*). Je ne puis me lasser d'admirer l'effet de l'éducation & des bons exemples que vous avez donnés à vos enfans. Ils me donnent une haute idée de vos sentimens ; car, dit le Proverbe, *bon sang ne peut jamais mentir.*

## *Le petit Berger bienfaisant.*

### *LYCAS & MYRTIL.*

POUR réchauffer les glaces de son
âge,
Aux feux naissans du jour, devant son toît
assis,
Lycas vit près de lui Myrtil son petit-fils.
Myrtil comptoit déjà le dixieme feuillage,
Et du vieillard les regards attendris
Parmi ses traits naïfs retrouvoient son image.
Il le prit dans ses bras, & lui parlant des
Dieux,
De son petit troupeau, des jeux de son
enfance,
Des plaisirs qu'aux bons cœurs donne la
bienfaisance,
Il vit, à ce discours, des pleurs baigner ses
yeux.

Tu pleures, lui dit-il ? Ce que tu viens d'entendre
Jusqu'à ce point, mon fils, n'émeut pas seul ton cœur.
Non, il est agité d'un sentiment plus tendre ;
Laisse-m'en, avec toi, partager la douceur.
Myrtil vouloit sécher ses larmes,
Elles couloient toujours. -- Mon pere, ah, je sens bien,
Oui, je le sens, rien n'est si plein de charmes,
Que de pouvoir faire du bien.
— Mais pourquoi donc, Myrtil, détournes-tu la vue ?
Tes pleurs redoublent ; autrefois
Tu m'aurois laissé lire en ton ame ingénue,
Tu ne m'aimes plus, je le vois.
— Qui, moi, ne plus t'aimer ! Le croirois-tu, mon pere ?
Eh bien, tu sauras tout, je vais te l'avouer.
Si je le fais, au moins ce n'est que pour te plaire.

Tu me l'as dit ſouvent : Du bien qu'on a pu
faire,
Doit-on être jaloux de s'entendre louer ?

Ma plus jeune brebis, hier, pendant l'orage,
S'étoit perdue au fond du bois.
J'allois pour la chercher ; d'une roche ſau-
vage
J'entends de loin ſortir une tremblante voix ;
Je m'approche, c'étoit un vieillard de ton
âge.
Il portoit ſur ſon dos un fardeau bien peſant,
Qu'il fit gliſſer à terre en ſoupirant.
Quel ſort cruel, dit-il, après un court
ſilence !
N'aurai-je donc jamais un moment de repos ?
Faut-il, quand l'homme oiſif nage dans
l'abondance,
D'un vil pain de douleur, voir payer mes
travaux ?
Aux ardeurs du midi, ſur la terre embraſée,
Errant accablé de ce faix,
Je trouve enfin, je trouve ce lieu frais ;

Mais rien pour réparer ma vigueur épuisée.
Mon toît est loin encore, & fût-il proche, hélas !
Mes genoux chancelans sous le poids qui m'accable,
Ne sauroient plus me traîner à cent pas.
Pourtant contre les Dieux je ne murmure pas,
Ils m'ont tendu toujours une main secourable.
Il dit, & sur son faix il s'étend. Moi soudain
Je vole ici. Sans rien dire à ma mere,
Je prends des fruits nouveaux, du lait frais & du pain,
Et cours soulager sa misere.
Il reposoit. Sans bruit, j'entre sous le rocher,
Je pose auprès de lui ma coupe & ma corbeille,
Et parmi des buissons je m'en vais me cacher.
Une heure passe, il se réveille.
Que le sommeil, dit-il, est un Dieu bienfaisant !

Le ſoir s'avance, allons ; quittons cette
retraite.
Et reprenant ſon faix : Dieux ! Comme il eſt
peſant !
Mais n'a-t-il pas ſervi pour repoſer ma tête ?
Peut-être que les Dieux voudront guider
mes pas.
Je puis dans ces déſerts trouver une chaumiere.
A ſes côtés alors il voit ma pannetiere,
Et ſon fardeau retombe de ſes bras.
Malheureux que je ſuis ! Quel eſt ce vain
menſonge
Qui m'égare dans mon ſommeil ?
Je rêve encore. A mon réveil,
Tout va fuir.... Mais non, non.... non, ce
n'eſt point un ſonge.
Il prend du lait, des fruits : O mortel généreux
Qui te plais à cacher ta noble bienfaiſance,
Reçois le doux tranſport de ma reconnoiſſance.

Que ne puis-je te voir & t'embrasser ! Grands Dieux !
Sur lui, sur tous les siens, répandez l'abondance.
Je suis rassasié ; mais j'emporte ces fruits.
Je veux que mes enfans, ma femme s'en nourrissent ;
Qu'en une voix, ce soir, tous nos cœurs réunis,
Chantent mon bienfaiteur, le chantent, le bénissent.
Il se leve à ces mots. Prompt à le devancer,
A travers les buissons je cours dans la prairie,
Et m'assieds dans un lieu qu'il devoit traverser.
Il m'apperçoit. Mon fils, viens, dis-moi, je te prie,
Aurois-tu vu quelqu'un passer ?
Non, dis-je, bon vieillard. Mais d'où viens-tu ? Sans doute,
Tu t'es égaré dans ta route ?
— Oui, mon ami ; j'allois au Village prochain.

Etranger dans ces lieux, je ne les puis connoître.
Je croyois, par ce bois, abréger mon chemin,
Mais il eſt ſi déſert, que ſans un Dieu, peut-être,
J'y ſerois déjà mort & de ſoif & de faim.
Eh bien à ce Village, allons que je te mene,
Lui dis-je; ſur mon bras appuie un peu ta main,
Pour me ſuivre avec moins de peine.
Si j'étois aſſez fort, je prendrois ton fardeau;
Et je le conduiſis juſqu'au prochain Hameau.

Tu l'as voulu ſavoir. Eh bien! voilà, mon pere,
Ce qui de joie encor me fait tout treſſaillir.
Ce que j'ai fait ne coûtoit rien à faire;
Si tu ſavois pourtant combien j'ai de plaiſir
D'avoir, de ce pauvre homme, adouci la miſere!
Si je ſuis ſi content pour ſi peu, Dieux, combien

Doit être heureux celui qui fait beaucoup
de bien !

Le ſort peut maintenant me ravir la lumiere,
Dit Lycas, ſur ſon cœur preſſant ſon petit-fils ;
Lorſque mes jours ſeront finis,
La bienfaiſance encor vivra dans ma chaumiere.

---

## *La mauvaiſe Mere & le bon Fils.*

DANS l'une de nos Provinces maritimes, il y avoit un Intendant qui s'étoit rendu recommandable par ſon déſintéreſſement & par ſon intégrité. Cet homme de bien, appellé M. de Carandon, mourut pauvre, & preſque inſolvable. Il avoit laissé une fille que personne n'épousoit, parce qu'elle avoit beaucoup d'orgueil, peu d'agrémens, & point de fortune. Un riche & honnête Négociant la rechercha, par considération pour la mémoire de son pere. Il nous a fait tant de bien, disoit le bon homme Corée! (c'étoit le nom du Négociant) Il est bien juste que quelqu'un de nous le rende à sa fille. Corée se proposa donc humblement, & Mademoiselle de Carandon, avec beaucoup de répugnance, consentit à lui donner la main, bien entendu qu'elle auroit dans sa maison une autorité absolue. Le respect du bonhomme, pour la mémoire du pere, s'étendoit jusques sur sa fille. Il la consultoit comme son oracle, &

& si quelquefois il lui arrivoit d'avoir un avis différent du sien, elle n'avoit qu'à proférer ces paroles imposantes : Feu Monsieur de Carandon, mon pere..... Corée n'attendoit pas qu'elle achevât pour avouer qu'il avoit tort.

Il mourut assez jeune, & lui laissa deux enfans. Son héritage, suivant ses dernieres dispositions, fut mis en dépôt dans les mains de sa femme, avec le droit fatal de le distribuer à ses enfans, comme bon lui sembleroit. De ces deux enfans, l'aîné faisoit ses délices ; non qu'il fût plus beau, ou plus heureusement né que le cadet, mais il étoit plus hardi & plus impérieux, par conséquent d'un caractere plus ressemblant au sien. Elle avoit enfin, pour l'aimer uniquement, toutes les mauvaiſes raiſons que peut avoir une mauvaiſe mere.

Le petit Jacquaut étoit l'enfant de rebut; ſa mere ne daignoit preſque pas le voir, & ne lui parloit que pour le gronder. Cet enfant intimidé n'oſoit lever les yeux devant elle, & ne lui répondoit qu'en tremblant. Il avoit, diſoit-elle, le naturel de ſon pere, une ame du peuple. Pour l'aîné qu'on avoit pris ſoin de rendre auſſi volontaire, auſſi mutin, auſſi capricieux qu'il étoit poſſible, c'étoit la gentilleſſe même: ſon indocilité s'appelloit hauteur de caractere; ſon humeur, excès de ſenſibilité. On s'applaudiſſoit de voir qu'il ne cédoit jamais quand il avoit raiſon:

or, il faut ſavoir qu'il n'avoit jamais tort. On ne ceſſoit de dire qu'il ſentoit ſon bien, & qu'il avoit l'honneur de reſſembler à Madame ſa mere. Cet aîné appellé M. de l'Etang ( car on ne crut pas qu'il fût convenable de lui laiſſer le nom de Corée ), cet aîné, dis-je, eut des maîtres de toute eſpece. Les leçons étoient pour lui ſeul , & le petit Jacquaut en recueilloit le fruit ; de maniere qu'au bout de quelques années, Jacquaut ſavoit tout ce qu'on avoit enſeigné à M. de l'Etang, qui en revanche ne ſavoit rien.

Toutes les perſonnes qui vouloient faire leur cour à Madame , s'appercevant de ſon foible, lui faiſoient croire que ſon aîné étoit un prodige. Les maîtres moins complaiſans, ou plus mal-adroits, en ſe plaignant de l'indocilité, de l'inattention de cet enfant chéri, ne tariſſoient point ſur les louanges de Jacquaut. Ils ne diſoient pas préciſément que M. de l'Etang fût un ſot; mais ils diſoient que le petit Jacquaut avoit de l'eſprit comme un Ange. La vanité de la mere en fut bleſſée; elle redoubla d'averſion pour ce petit malheureux, devint jalouſe de ſes progrès, & réſolut d'ôter à ſon enfant gâté, l'humiliation du parallèle.

Une aventure bien touchante réveilla cependant en elle les ſentimens de la nature; mais ce retour ſur elle-même l'humilia ſans la corriger. Jacquaut avoit dix ans, de l'Etang en avoit près de quinze, lorſqu'elle tomba dangereuſement malade. L'aîné s'occupoit de ſes plaiſirs, & fort peu de la ſanté de ſa mere. C'eſt la punition des meres folles d'aimer des enfans dénaturés. Cependant on commençoit à s'inquiéter. Jacquaut s'en apperçut; & voilà ſon petit cœur ſaiſi de douleur & de crainte. L'impatience de voir ſa mere ne lui permet plus de ſe cacher. On l'avoit accoutumé à ne paroître que lorſqu'il étoit appellé; mais enfin ſa tendreſſe lui donna du courage. Il ſaiſit l'inſtant où la porte de la chambre eſt entr'ouverte; il entre ſans bruit & à pas tremblans; il s'approche du lit de ſa mere. Eſt-ce vous, mon fils, demanda-t-elle?

— Non, ma mere, c'est Jacquaut. Cette réponse naïve & accablante, pénétra de honte & de douleur l'ame de cette femme injuste ; mais quelques caresses de son mauvais fils, rendirent bientôt à celui-ci tout son ascendant ; & Jacquaut n'en fut dans la suite ni mieux aimé, ni moins digne de l'être.

A peine Madame Corée fut-elle rétablie, qu'elle reprit le dessein de l'éloigner de la maison. Son prétexte fut que de l'Etang, naturellement vif, étoit trop susceptible de dissipation pour avoir un compagnon d'étude ; & que les impertinentes prédilections des maîtres pour l'enfant qui étoit le plus humble, ou le plus caressant avec eux, pouvoir fort bien décourager celui dont le caractere plus haut & moins flexible, exigeoit plus de ménagement. Elle voulut donc que de l'Etang fût l'unique objet de leurs soins, & se défit du malheureux Jacquaut, en l'exilant dans un Collége.

A seize ans, de l'Etang quitta ses maîtres de Mathématiques, de Physique, de Musique, &c. comme il les avoit pris; il commença ses Exercices, qu'il fit à-peu-près comme ses études; & à vingt-ans, il parut dans le monde avec la suffisance d'un sot qui a entendu parler de tout, & qui n'a réfléchi sur rien.

De son côté, Jacquaut avoit fini ses humanités, & sa mere étoit ennuyée des éloges qu'on lui donnoit. Vous voilà grand, lui dit-elle un jour, il faut prendre un parti. Vous croyez peut-être que j'ai de quoi vous ſoutenir dans le monde ; je vous déclare qu'il n'en eſt rien. La fortune de votre pere n'étoit pas auſſi conſidérable qu'on l'imagine ; à peine ſuffira-t-elle à l'établiſſement de votre aîné. Pour vous Monſieur, vous n'avez qu'à voir ſi vous voulez courir la carriere des bénéfices ou celle des armes, vous faire tonſurer, ou caſſer la tête, accepter, en un mot, un petit collet, ou une Lieutenance d'Infanterie, c'eſt tout ce que je puis faire pour vous. Jacquaut lui répondit qu'il y avoit des partis moins violens à prendre pour le fils d'un Négociant. A ces mots, Mademoiſelle de Carandon faillit à mourir de douleur d'avoir mis au monde un fils ſi peu digne d'elle, & lui défendit de paroître à ſes yeux. Le jeune Corée déſolé d'avoir encouru l'indignation de ſa mere, ſe retira en ſoupirant, & réſolut de tenter ſi la fortune lui ſeroit moins cruelle que la nature. Il apprit qu'un vaiſſeau étoit ſur le point de faire voile pour les Antilles, où il avoit deſſein de ſe rendre. Il écrivit à ſa mere pour lui demander ſon aveu, ſa bénédiction, & une pacotille. Les deux premiers articles lui furent amplement accordés ; mais le dernier avec économie.

Sa mere ſe croyant trop heureuſe d'en être débarraſſée, voulut le voir avant ſon départ, & en l'embrassant lui donna quelques larmes. Son frere eut aussi la bonté de lui souhaiter un heureux voyage. C'étoient les premieres caresses qu'il avoit reçues de ses parens. Son cœur sensible en fut pénétré. Cependant il n'osa leur demander de leur écrire ; mais il avoit un camarade de Collége dont il étoit tendrement aimé : il le conjura , en partant, de lui donner quelquefois des nouvelles de sa mere.

Celle-ci ne fut plus occupée que du soin d'établir son enfant chéri. Il se déclara pour la robe. On lui obtint des dispenses d'études, & bientôt il fut admis dans le sanctuaire des Loix. Il ne falloit plus qu'un mariage avantageux. On proposa une riche héritiere; mais on exigea de la veuve la donation de ſes biens. Elle eut la foibleſſe d'y conſentir ; en ſe réſervant à peine de quoi vivre décemment, bien aſſurée que la fortune de ſon fils ſeroit toujours à ſa diſpoſition.

A l'âge de vingt-cinq ans, M. de l'Etang ſe trouva donc un petit Conſeiller tout rond, négligeant ſa femme autant que ſa mere, ayant grand ſoin de ſa perſonne, & fort peu de ſouci des affaires du Palais. Bientôt il n'y eut pas d'excès dans lequel il ne ſe plongeât. Sa fortune diminuoit tous les jours par ſes dépenſes énormes. Cependant comme il croyoit humiliant pour lui de décheoir, il ſe piqua d'honneur, & ne voulut rien rabattre de ſon faſte : enſorte que dans quelques années il ſe trouva qu'il étoit ruiné.

Il en étoit aux expédiens, lorſque Madame ſa mere, qui n'avoit pas mieux ménagé ſa réſerve, lui écrivit pour lui demander de l'argent. Il lui répondit qu'il étoit au déſeſpoir ; mais que loin de lui pouvoir envoyer des ſecours, il en avoit beſoin lui-même. Déjà l'allarme s'étoit répandue parmi les créanciers, & c'étoit à qui ſe ſaiſiroit le premier des débris de leur fortune. Qu'ai-je fait ? diſoit cette mere déſolée ; je me ſuis dépouillée de tout pour un fils qui a tout diſſipé.

Cependant, qu'étoit devenu l'infortuné Jacquaut ? Jacquaut avec

de

de l'eſprit, la meilleure ame, la plus jolie figure du monde, & ſa petite pacotille, étoit arrivé heureuſement à Saint-Domingue. On ſait combien un François de bonnes mœurs & de bonne mine, trouve aiſément à s'établir dans les Iſles. Le nom de Corée, ſon intelligence & ſa ſageſſe, lui acquirent bientôt la confiance des Habitans. Avec les ſecours qui lui furent offerts, il acquit lui-même une habitation, la cultiva, la rendit floriſſante. Le commerce qui étoit en vigueur, commençoit déjà à l'enrichir, lorſque ſon camarade de Collége, qui, juſques-là, ne lui avoit donné que des nouvelles ſatisfaiſantes, lui écrivit que ſon frere étoit ruiné, & que ſa mere abandonnée de tout le monde, étoit réduite aux plus affreuses extrémités. Cette lettre fatale fut arrosée de larmes. Ah, ma pauvre mere, s'écria-t-il, j'irai, j'irai vous secourir! Il ne voulut s'en fier à personne. Un accident, une infidélité, la négligence ou la lenteur d'une main étrangere, pouvoient la priver des secours de son fils, & la laisser mourir dans l'indigence & le désespoir. Rien ne doit retenir un fils, se disoit-il à lui-même, lorsqu'il y va de l'honneur & de la vie d'une mere.

Avec de tels sentimens, Corée ne fut plus occupé que du soin de vendre tout ce qu'il possédoit, & le sacrifice ne coûta rien à son cœur. Il s'embarqua, & avec lui toute ſa fortune. Le trajet fut heureux. Au bout de ſix ſemaines, il arrive ſur les côtes de France ; & ce digne fils, ſans ſe permettre une nuit de repos, ſe rend avec ſon tréſor auprès de ſa malheureuſe mere. Il la trouve aux bords du tombeau, & dans un état plus affreux, pour elle, que la mort même. Elle étoit dénuée de tout ſecours, & livrée aux ſoins d'un Domeſtique, qui, rebuté de ſouffrir l'indigence où elle étoit réduite lui rendoit à regret les derniers ſoins d'une pitié humiliante. La honte de ſa ſituation l'avoit portée à défendre à ce Domeſtique, de recevoir perſonne que le Prêtre & le Médecin charitable qui la viſitoient quelquefois.

Corée demande à la voir, on le refuſe. Annoncez-moi, dit-il au Domeſtique. — Et quel eſt votre nom? — Jacquaut. Le Domeſtique s'approche du lit. Un Étranger, dit-il, demande à voir Madame. — Hélas! & quel eſt cet Étranger? — Il dit qu'il s'appelle Jacquaut. A ce nom, ſes entrailles furent ſi émues, qu'elle faillit à expirer. Ah, mon fils, dit-elle, d'une voix éteinte, & en levant ſur lui ſa mourante paupiere! Ah, mon fils, dans quel moment venez-vous revoir votre mere! Votre main va lui fermer les yeux. Quelle fut la douleur de cet enfant ſi pieux & ſi tendre, de voir cette mere qu'il avoit laiſſée au ſein du luxe & de l'opulence, de la voir dans un lit entouré de lambeaux, & dont l'image ſouleveroit le cœur, s'il m'étoit permis de la rendre! O ma mere! s'écria-t-il, en ſe précipitant ſur ce lit de douleurs.... Ses ſanglots étoufferent ſa voix, & les ruiſſeaux de larmes dont il inondoit le ſein de ſa mere expirante, furent long-temps la ſeule expreſſion de ſa douleur & de ſon amour. Le Ciel me punit, reprit-elle, d'avoir trop aimé un fils dénaturé, d'avoir.... Il l'interrompit. Tout eſt réparé, ma mere, lui dit ce vertueux jeune homme, vivez. La fortune m'a comblé de biens, je viens les répandre au ſein de la Nature. C'eſt pour vous qu'ils me ſont donnés. Vivez, j'ai de quoi vous faire aimer la vie. — Ah, mon cher enfant!

ſi je deſire de vivre, c'eſt pour expier mon injuſtice ; c'eſt pour aimer un fils dont je n'étois pas digne, un fils que j'ai déshérité. A ces mots, elle ſe couvrit le viſage, comme indigne de voir le jour. Ah ! Madame, s'écria-t-il, en la preſſant dans ſes bras, ne me dérobez point la vue de ma mere. Je viens à travers les mers la chercher & la ſecourir. Dans ce moment le Prêtre & le Médecin arriverent. Voilà, dit-elle, mon enfant, les ſeules conſolations que le Ciel m'a laiſſées ; ſans leur charité, je ne ſerois plus. Corée les embraſſe en fondant en larmes. Mes amis, leur dit-il, mes bienfaiteurs ! Que ne vous dois-je pas ? Sans vous je n'aurois plus de mere.

Achevez de la rappeller à la vie. Je ſuis riche, je viens la rendre heureuſe. Redoublez vos ſoins, vos conſolations, vos ſecours; rendez-la moi. Le Médecin vit prudemment que cette ſituation étoit trop violente pour la malade. Allez, Monſieur, dit-il à Corée, repoſez-vous ſur notre zele, & n'ayez plus d'autre ſoin que de faire préparer un logement commode & ſain. Ce ſoir Madame y ſera tranſportée.

Le changement d'air, la bonne nourriture, ou plutôt la révolution qu'avoit faite la joie, & le calme qui lui ſuccéda, ranimerent inſenſiblement en elle les organes de la vie. Un chagrin profond avoit été le principe du mal, ſa conſolation en fut le reméde. Corée apprit que ſon malheureux frere venoit de périr miſérablement, mais, par bonheur, ſans laiſſer d'enfans. On déroba la connoiſſance de cette mort à une mere ſenſible, & trop foible pour ſoutenir, ſans expirer, un nouvel accès de douleur. Elle l'apprit enfin lorſque ſa ſanté fut plus affermie. Toutes les plaies de ſon cœur ſe r'ouvrirent, & les larmes maternelles coulerent de ſes yeux. Mais le Ciel, en lui ôtant un fils indigne de ſa tendreſſe, lui en rendoit un qui l'avoit méritée par tout ce que la nature a de plus ſenſible & la vertu de plus touchant. Il avoit laiſſé en Amérique une jeune veuve nommée Lucelle, dont il étoit tendrement aimé, & à laquelle il ſe diſpoſoit à s'unir. Il confia à Madame Corée les desirs de son ame. C'étoit de pouvoir réunir dans ses bras son épouse & sa mere. Celle-ci saisit avec joie le projet de passer avec lui en Amérique. Une Ville remplie de ses folies & de ses malheurs, étoit pour elle un séjour odieux ; & l'instant où elle s'embarqua, lui rendit une nouvelle vie. Le Ciel qui protége la piété, leur accorda des vents favorables. Lucelle reçut la mere de son amant, comme elle auroit reçu sa mere. L'hymen fit de ces amans les époux les plus fortunés, & leurs jours coulent encore dans cette paix inaltérable, dans ces plaisirs purs & sereins qui sont le partage de la vertu.

## *Le courage de l'amitié.*

DEUX Matelots, l'un Espagnol & l'autre François, étoient dans les fers à Alger. Le premier s'appeloit Antonio; Roger étoit le nom de son compagnon d'esclavage. Le hasard voulut qu'ils fussent employés aux mêmes travaux. L'amitié est la consolation des malheureux; Antonio & Roger en éprouverent toutes les douceurs. Ils se communiquoient leurs peines & leurs regrets. Ils parloient ensemble de leur famille, de leur patrie, de la joie qu'ils ressentiroient, si jamais ils étoient libres. Ils pleuroient enfin dans le sein l'un de l'autre,

& cet adouciſſement leur ſuffiſoit pour porter leurs chaînes avec plus de courage, & pour ſoutenir les fatigues auxquelles ils étoient condamnés.

Ils travailloient à la conſtruction d'un chemin qui traverſoit une montagne. L'Eſpagnol un jour s'arrête, laiſſe tomber languiſſamment ſes bras, & jette un long regard ſur la mer. Mon ami, dit-il à Roger, avec un profond ſoupir, tous mes vœux ſont au bout de cette vaſte étendue d'eau. Que ne puis-je la franchir avec toi ! Je crois toujours voir ma femme & mes enfans qui me tendent les bras du rivage de Cadix, ou qui donnent des larmes à ma mort. Antonio étoit abſorbé dans cette image accablante. Chaque fois qu'il revenoit à la montagne, sa vue mélancolique s'attachoit sur cet espace immense qui le séparoit de son pays, il formoit les mêmes regrets.

Un jour, il embrasse avec transport son camarade. — J'apperçois un vaisseau, mon ami; tiens, regarde, ne le vois-tu pas comme moi? Il n'abordera point ici, parce qu'on évite les parages Barbaresques; mais demain, si tu veux, Roger, nos maux finiront, nous serons libres. — Nous serons libres? — Oui, demain ce navire passera à deux lieues environ du rivage, & alors du haut de ces rochers nous nous précipiterons dans la mer, & nous atteindrons le vaisseau, ou nous périrons. La mort n'eſt-elle pas préférable à une cruelle ſervitude ? Si tu peux te ſauver, répond Roger, je ſupporterai avec plus de réſignation mon malheureux ſort. Tu n'ignores pas, Antonio, combien tu m'es cher. Cette amitié qui m'attache à toi, ne finira qu'avec ma vie. Je ne te demande qu'une ſeule grace, mon ami, va trouver mon pere.... Si le chagrin de ma perte & la vieilleſſe ne l'ont par fait mourir, dis-lui. . . . . .

— Que j'aille trouver ton pere, mon cher Roger ? Eh que prétends-tu faire ? Me feroit-il poſſible d'être heureux, de vivre un ſeul inſtant, ſi je te laiſſois dans les fers ? — Mais, Antonio, je ne ſais pas nager, & tu le ſais, toi.

— Je ſais t'aimer, repart l'Eſpagnol en fondant en larmes & en ſerrant, avec chaleur, Roger contre ſa poitrine, mes jours ſont les tiens. Nous nous ſauverons tous deux. Va, l'amitié me prêtera des forces, tu te tiendras attaché à cette ceinture. — Il eſt inutile, Antonio, d'y penſer. Je ne ſaurois m'expoſer à faire périr mon ami. L'idée ſeule m'inſpire de l'horreur. Cette ceinture m'échapperoit, ou je t'entraînerois avec moi. Je ſerois la cauſe de ta perte. — Eh bien, Roger, nous mourrons enſemble ! Mais pourquoi former ces craintes ? Je te l'ai dit, l'amitié ſoutiendra mon courage. Je t'aime trop pour qu'elle ne produiſe pas des miracles. Ceſſe de combattre mon deſſein. Je l'ai réſolu. Je m'apperçois que les monſtres qui nous gardent, nous épient. Il y a de nos compagnons même qui ſeroient aſſez lâches pour nous trahir. Adieu. J'entends la cloche qui nous rappelle. Il faut nous ſéparer. Adieu, mon cher Roger, à demain.

Ils ſont renfermés dans leur bagne. Antonio étoit rempli de ſon projet. Il ſe voyoit déjà franchiſſant la Méditerranée, libre & dans le ſein de ſes Compatriotes. Il étoit dans les bras de ſa femme & de ſes enfans. Roger ſe préſentoit un tableau bien différent. Son ami, victime de ſa généroſité, emporté avec lui au fond de la mer, périſſant enfin, quand peut-être, en ne s'occupant que de ſa ſeule conſervation, il eût pu ſe ſauver, & être rendu à une famille, qui, ſelon les apparences, gémiſſoit & ſouffroit de ſon eſclavage. Non, ſe diſoit dans ſon cœur l'infortuné François : je ne céderai point aux ſollicitations d'Antonio ; je ne lui cauſerai pas la mort, pour prix de cette amitié ſi généreuſe qu'il m'a vouée. Il ſera libre. Mon malheureux pere apprendra du moins que je vis encore, que je l'aime toujours. Hélas ! Je devois être l'appui de ſa vieilleſſe, le conſoler ! Je lui étois néceſſaire. Peut-être en ce moment expire-t-il dans l'indigence, en deſirant de voir & d'embraſſer ſon fils.... Allons, qu'Antonio ſoit heureux, je mourrai avec moins de douleur.

On ne vint point le lendemain, à l'heure ordinaire, tirer les Esclaves de la prison. L'Espagnol étoit dévoré d'impatience, & Roger ne savoit s'il devoit se réjouir ou s'affliger de ce contre-temps. Enfin, on les rend à leurs travaux. Ils ne pouvoient se parler. Leur Maître, ce jour-là, les avoit accompagnés. Antonio se contentoit de regarder Roger, & de soupirer. Quelquefois il lui montroit des yeux la mer, & ne pouvoit, à cet aspect, contenir des mouvemens qui étoient toujours prêts à lui échapper. Le soir arrive. Ils se trouvent seuls. Saisissons le moment, s'écrie l'Espagnol, en s'adressant à son compagnon, viens. — Non, mon ami, jamais je ne pourrai me résoudre à exposer ta vie. Adieu... Adieu..... Antonio, je t'embrasse pour la derniere fois. Sauve-toi, je t'en conjure. Ne perds pas de temps, & souviens-toi toujours de notre tendre amitié. Je te prie seulement de me rendre le service que tu m'as promis, à l'égard de mon pere. Il doit être bien vieux, bien à plaindre, va le consoler. S'il avoit besoin de quelque secours... mon ami.....

A ces mots Roger tomba dans les bras d'Antonio, en versant un torrent de pleurs. Son ame étoit déchirée. — Tu pleures, Roger! Ce n'est pas des larmes qu'il faut, c'est du courage, ne résiste plus. Si tu differes encore d'une minute, nous sommes perdus. Peut-être ne retrouverons-nous jamais l'occasion. Choisis, ou laisse-toi conduire, ou je me brise la tête sur ces rochers.

Le François se jette aux genoux de l'Espagnol, veut encore lui faire des représentations, lui montrer les risques infaillibles qu'il court s'il s'obstine à vouloir le sauver avec lui. Antonio le regarde tendrement, l'embrasse, gagne le sommet d'un rocher, & s'élance avec lui dans la mer. Ils vont d'abord au fond, reviennent ensuite au-dessus des flots. Antonio s'arme de toutes ses forces, nage en retenant Roger qui semble se refuser aux efforts de son ami, & craindre de l'entraîner dans sa chûte.

Les perſonnes qui étoient dans le vaiſſeau, reſtoient frappées d'un ſpectacle qu'elles ne pouvoient diſtinguer. Elles croyoient qu'un monſtre marin s'approchoit du navire. Un nouvel objet détourne leur curioſité. On apperçoit une chaloupe s'empreſſer de quitter le rivage, & pourſuivre, avec précipitation, ce qu'on avoit pris pour quelque poiſſon monſtrueux. C'étoient les Soldats prépoſés à la garde des Eſclaves, qui brûloient de reprendre Antonio & Roger. Celui-ci les voit venir, & en même temps il jette les yeux ſur ſon ami, qui commençoit à s'affoiblir. Il fait un effort, & ſe détache d'Antonio, en lui diſant : On nous pourſuit, ſauve-toi, & laiſſe-moi périr ; je retarde ta courſe. A peine a-t-il dit ces mots, qu'il tomboit déjà au fond de la mer. Un nouveau tranſport d'amitié ranime l'Eſpagnol. Il s'élance vers le François, le reprend au moment qu'il périſſoit, & tous deux diſparoiſſent.

La chaloupe incertaine de quel côté pourſuivre ſa route, s'étoit arrêtée, tandis qu'une barque détachée du navire, alloit reconnoître ce qu'ils n'avoient fait qu'entrevoir. Les flots recommencent à s'agiter. On diſtingue enfin deux hommes, dont l'un, qui tenoit l'autre embraſſé, s'efforçoit de nager vers la barque. On fait force de rames pour voler à leur ſecours. Antonio eſt prêt de laiſſer échapper Roger. Il entend qu'on lui crie de cette barque. Il ſerre ſon ami, fait de nouveaux efforts, & ſaiſit, d'une main défaillante, un des bords de la barque. Il eſt prêt à retomber, on les retient tous deux. Les forces d'Antonio étoient épuiſées. Il n'a que le temps de s'écrier : Qu'on porte du ſecours à mon ami, je me meurs; & toutes les horreurs de la mort ſe répandent ſur ſon viſage. Roger, qui étoit évanoui, r'ouvre les yeux, leve la tête, & voit Antonio étendu à ſes côtés, & ne donnant plus aucun ſigne de vie. Il s'élance ſur ſon corps, l'embraſſe, l'inonde de ſes larmes, pouſſe mille cris : Mon ami, mon bienfaiteur, c'eſt moi qui ſuis ton aſſaſſin ! Mon cher Antonio, tu ne m'entends plus !

C'eſt donc-là ta récompenſe de m'avoir ſauvé la vie ? Ah ! qu'on ſe hâte de me l'ôter cette vie malheureuſe, je ne puis plus la ſupporter. J'ai perdu mon ami.

Roger veut ſe poignarder. On lui arrache une épée dont il s'étoit ſaiſi. Il apprend, au milieu des ſanglots, les détails de ſon aventure, aux gens de la barque. Il retomboit toujours ſur le corps d'Antonio. Qu'on ne m'empêche point de mourir ! Oui, mon ami, je vais te ſuivre, ajoutoit-il, en couvrant le corps pâle de ſes baiſers & de ſes larmes...... Ayez pitié de moi, au nom de Dieu, laiſſez-moi mourir.

Le Ciel, qui ſans doute eſt touché des larmes des hommes,

lorſqu'elles ſont ſinceres, ſemble donner une marque ſignalée de ſa bonté en faveur d'une ſentiment ſi rare. Antonio jette un ſoupir, Roger pouſſe un cri de joie; on ſe réunit à lui pour donner du ſecours au malheureux Eſpagnol. Enfin, il leve un œil mourant; ſes premiers regards cherchent à ſe fixer ſur le François. A peine l'a-t-il apperçu, qu'il s'écrie : J'ai pu ſauver mon cher Roger!

La barque revient au vaiſſeau. Ces deux hommes inſpirent une ſorte de reſpect à l'équipage, tant la vertu a de droits ſur tous les cœurs! Ils excitent un intérêt puiſſant. Tous ſe diſputent le plaiſir de les obliger. Roger arrivé en France, court dans les bras de ſon pere, qui

qui penſa expirer d'un excès de joie ; & il fut nommé Gondolier de Verſailles. L'Eſpagnol, à qui l'on avoit offert un poſte très-avantageux, pour un homme de ſon état, aima mieux aller rejoindre ſa femme & ſes enfans ; mais l'abſence ne diminua rien de ſon amitié. Il demeura en correſpondance de lettres avec Roger. Ces lettres ſont des chef-d'œuvres de naïveté & de ſentiment. On pourra les rendre un jour publiques pour l'honneur d'un ſentiment qui a produit tant d'actions héroïques.

## *La tendresse filiale.*

### MYRTIL & CHLOÉ.

Le jeune enfant Myrtil, un jour dans la prairie,
Trouva sa jeune sœur. La jonquille & le thym
Se mêloient sous ses doigts à l'épine fleurie ;
Et des pleurs cependant s'échappoient sur son sein.
Ah te voilà, Chloé, lui dit son frère !
Pour qui viens-tu former ces guirlandes de fleurs ?
Mais qu'as-tu donc ! Qui fait couler tes pleurs ?
Tu penses, je le vois, à notre pauvre pere.

### CHLOÉ.

Hélas ! Myrtil, son mal le tourmente si fort.
Il s'agite, il se frappe.

MYRTIL.

Il appelle la mort.
Moi, qu'il ne vit jamais ſans me ſourire,
J'ai voulu l'embraſſer ; ma ſœur, dans ſon délire,
Il m'a rejetté de ſes bras.
Il ne me connoît plus : & ſans ma mere, hélas !
Je crois qu'il alloit me maudire.

CHLOÉ.

O Ciel ! Un ſi bon pere ! Il jouoit avec moi
Lorſque ce mal cruel vint attaquer ſa vie.
J'étois ſur ſes genoux. D'une voix affoiblie,
Ma fille, me dit-il, ma fille, leve-toi.
Je me ſens mal, très-mal. Une ſueur ſoudaine
Couvrit ſon viſage, il pâlit ;
Il me remit à terre, & foible, ſans haleine,
Malgré tous mes ſecours, il eut bien de la peine
A traîner ſes pas vers ſon lit.

MYRTIL.

Mon pere, hélas! du mal qui te dévore,
Te verrons-nous long-temps souffrir?
A peine ai-je sept ans. Je suis bien jeune encore.
Mais si tu meurs, je veux aussi mourir.

CHLOÉ.

Non, il ne mourra point, mon frere, je t'assure.
Nos parens mille fois nous ont dit que les Dieux
Aimoient les vœux d'une ame pure.
A Pan, Dieu des Bergers, je vais porter mes vœux;
Je lui porte ces fleurs. Oui, d'un regard propice
Il verra son Autel embelli par ma main.
Et vois-tu là mon cher petit serin?
Je veux encore au Dieu l'offrir en sacrifice.

MYRTIL.

Attends-moi donc, ma sœur, je reviens à l'instant :
Je vais des plus beaux fruits remplir ma pannetiere ;
Et le petit lapin, que m'a donné ma mere,
Je veux aussi l'immoler au Dieu Pan.

Il courut, & bientôt il revint auprès d'elle.
Tous deux alors en se donnant la main,
Tournent leurs pas vers le côteau prochain.
Ils y trouvent le Dieu sous la voûte éternelle
D'un vaste & ténébreux sapin.
Là, s'étant prosternés aux pieds de sa Statue,
Ils adressent au Dieu leur priere ingénue.

CHLOÉ.

O Pan, nous t'implorons. Daigne nous secourir.
Toi qui sais tout, tu sais que notre pere
Est, depuis bien des jours, en danger de mourir.

Je n'ai pas, Dieu puissant, de grands dons à
te faire.
Ces fleurs sont tout mon bien, je viens te
les offrir.
Vois, à tes pieds, je pose ma guirlande.
J'aurois voulu, si j'eusse été plus grande,
En couronner ton front, en orner tes che-
veux;
Mais je n'y puis atteindre. Accepte cette
offrande,
Et rends, Dieu des Bergers, rends mon pere
à nos vœux.

MYRTIL.

Qu'avons-nous fait, hélas! pour te dé-
plaire?
Car, en frappant notre malheureux pere,
Je le vois bien, c'est nous que tu punis.
Pour t'appaiser, ô Pan, je t'apporte ces
fruits.
Laisse à nos vœux désarmer ta colere.
Tout ce que nous avons, nous le tenons
de toi.

Je t'aurois immolé ma chevre la plus belle ;
Mais elle est plus forte que moi.
Quand je serai plus grand, je t'en donne ma foi,
Je t'en offrirai deux à la saison nouvelle.

CHLOÉ.

Tiens, voici mon Oiseau. Vois, pour me consoler,
Les tendres amitiés qu'il s'empresse à me faire.
Sur mon cou, sur mon sein, regarde-le voler.
Eh bien ! je vais, .. je vais te l'immoler,
Pour que tu sauves notre pere.

MYRTIL.

Tourne aussi tes regards sur mon petit lapin.
Vois, je l'appelle ; il vient. Il croit qu'à l'ordinaire,
Je voudrois lui donner à manger dans ma main ;
Mais non, je vais te l'immoler soudain,
Pour que tu sauves notre pere.

Ses petits bras tremblans l'alloient déjà saisir.
Sa sœur l'imitoit en silence,
Lorsqu'une voix : « Aux vœux de l'innocence,
Les Dieux se laissent attendrir.
Non, ils n'exigent point ces cruels sacrifices.
Gardez, mes chers amis, ce qui fait vos délices ;
Votre pere n'est plus en danger de mourir ».

La santé, dès ce jour, fut rendue à Pélage.
Sauvé par ses enfans, ce jour même avec eux,
Au Dieu conservateur, il courut rendre hommage.
Il vit ses petits-fils peupler son héritage,
Et de ses petits-fils vit encor les neveux.

*Fin du premier Recueil.*

www.ingramcontent.com/pod-product-compliance
Ingram Content Group UK Ltd.
Pitfield, Milton Keynes, MK11 3LW, UK
UKHW021137260726
13994UKWH00001B/177